隠れ念仏四百年

薩摩と日向・諸県における
一向宗禁制と信仰の諸相

［改訂増補版］

前田　博仁 著

みやざき文庫 73

はじめに

隠れ念仏について知ったのは四十数年前でした。当時、山之口町立山之口小学校に奉職していましたが、社会科実践研究をまとめるに当たって、現在都城史談会会長の立元久男先生が勤務されていた高城町立田辺小学校（廃校）を訪ねました。先生宅にお邪魔し実践研究について指導を受けましたが、そのとき机上に百数十枚の原稿用紙が重ねてあるのに気付きました。隠れ念仏について執筆中ということと、長崎の隠れ切支丹以上の宗教弾圧があったことを話されました。隠れ念仏について全く知らなかったので驚くばかりでした。その原稿は後に『かくれ念佛とカヤカベ』として著され、その時いただいた一冊は貴重な蔵書の一つになっています。

その後、「南九州文化」会員による調査報告など目にすることはありましたが、隠れ念仏については都城や鹿児島の人々が調査研究するものと思っていて興味はありませんでした。

私は宮崎の庶民信仰に興味があり、県内や熊本県球磨地方に多くの作仏を残した廻国僧大円や県内に数多く残っている六十六部廻国供養塔を調べていましたが、そういう中で六十六部廻国供養塔が都城・小林など旧薩摩領内には存在しないこと、都城辺りに一門講と称する六十六部（六部）殺しの話が多数残っていること、また、古河古松軒の『西遊雑記』に「薩摩入国は浪人躰より六十六部に身を変えた方がよい」という記述があることなどを知りました。とともに、六部殺しの話が多い薩摩に六部の格好で入国するとはどういうことか、廻国供養塔建立がないのは何故か、疑問は膨らむばかりでした。

都城市が市史編纂事業に取り組むなか、都城島津氏所蔵の『庄内地理志』が翻刻されました。『庄内地理志』を読むうちに六十六部は隠れ念仏と関係があるのではないかと思うようになり調査に取り掛かりました。そのほかで、西本願寺が送り込んだ使僧は六十六部に変装して領内へ入ったのではないか、藩もそれに気付き六十六部を取り締まったのではないかと思うようになりました。

そのうちに薩摩領民は貧困と身分差別のなか、大多数の農民や下級郷士は農奴的な貧困生活に甘んじていたこと、そして、これら下層階級層に一向宗が広まったこと、さらに、薩摩一向宗門徒を支えたのは日向国側の一向宗寺院であったことなどが分かってきました。

薩摩藩の宗教政策を調べるうちに日向諸藩の一向宗の取り扱いはどうであったかなど関心は次々と拡大、高鍋藩は軽度な弾圧を行っていたこと、高鍋藩飛び地であった金崎（宮崎市）では曹洞宗檀徒でありながら、浄土真宗の仏事に参加する慣行が現在も行われている事実なども分かり、この行事は一向宗禁制下の薩摩において、隠れ念仏講が行っていた仏事と同じではないかという疑問へと広がりました。

また、薩摩藩家老として一向宗弾圧と藩主島津氏菩提寺を含む領内全ての寺院廃棄の指揮をとった桂久武が、後に都城県参事として着任すると、まだ僅かに残っていた旧飫肥藩と旧高鍋藩福嶋それに大淀川下流右岸の旧延岡藩の寺院全てを廃寺とするが、十八か寺の真宗（一向宗）寺院だけは残置していることなどです。厳しい処罰を加えても一向に減少しない隠れ門徒に対して家老桂久武は憎しみを持っていたと思われますが、都城県参事となった桂久武は真宗寺院だけを残したのです。大いなる疑問が生じています。

調査はまだ道半ばですがこれまでを世に問い、先学諸氏の批正と指導を賜り、さらに研究の深化を図りたいと思っている次第です。

平成二十二年十月

前田　博仁

目次

第二章　一向宗禁制と六十六部――本願寺僧侶の活躍と取締り強化――

第一章　薩摩藩と一向宗

――身分差別と二重鎖国のもとで――

一　南九州における一向宗創起と薩摩島津氏の禁制の始まり

南九州では十五世紀に伝来、十六世紀には盛んに

浄土真宗正覚寺（日向市美々津）
文明3年の建立、南九州では古い寺院

享和三年（一八〇三）に記された『豊後国誌』によると、豊後国（大分県）高田郷森村の専想寺が文明八年（一四七六）僧天然によって開創され、これが浄土真宗寺院の九州南部で最も早く開かれた寺とされる（『譜代藩の研究』）。しかし、「貞享四年高鍋藩寺社帳」には日向国美々津（日向市）の真宗正覚寺が文明三年（一四七一）慶西によって開山されたとあり、豊後専想寺より五年先んじている。いずれにしても、豊後専想寺や日向正覚寺の創建年代から、一向宗は日向・薩摩など南九州へ十五世紀後半に伝わっていたと考えられる。

和歌山県海南市浄国寺にある阿弥陀如来絵像（方便法身尊像）裏面に「御本尊画像一幅　永正三年丙寅二月十九日　方便法身

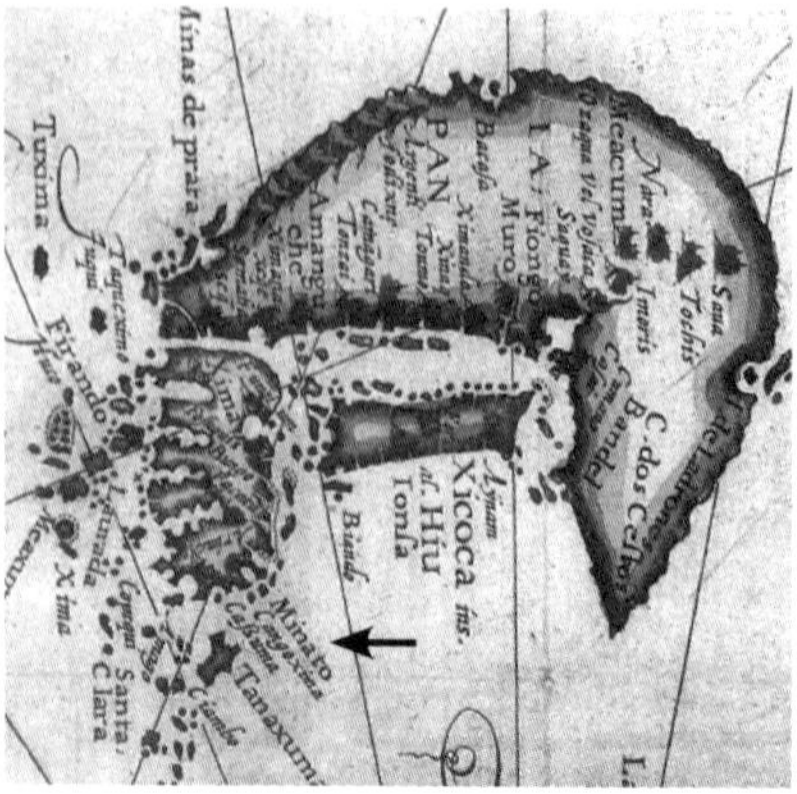

16世紀末オランダの日本地図。Minato
の文字、千野湊か（丸山隆照氏提供）

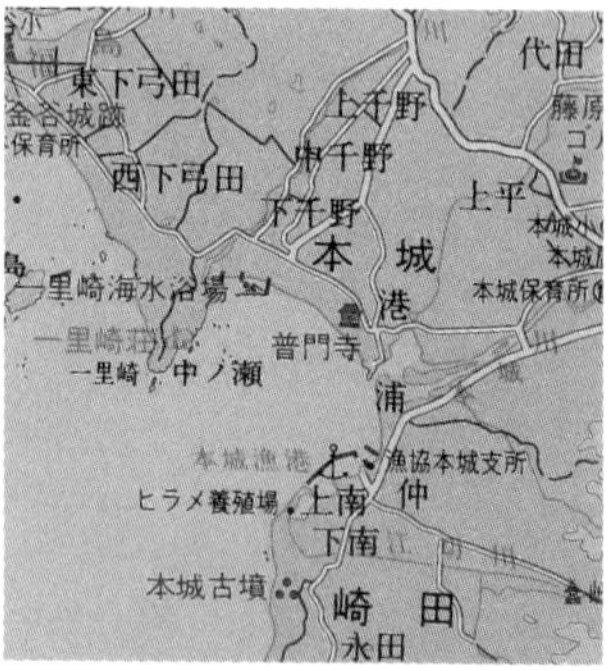

串間市本城。千野、
港（湊）の地名

大谷本願寺釈実如御判　薩摩国千野湊願主釈明心」とあり、本山に本尊の下付願いした釈明心という人物が、少なくとも永正三年（一五〇六）以前に存在したことになる。薩摩千野湊の特定が困難であるが、当時薩摩島津氏領であった日向国櫛間（串間市）本城の千野湊ではないかと言われている。この頃の櫛間は海外に開け南蛮貿易も盛んで、西欧の地図にも記載される湊であった。

当面私たちのフィールドである日向諸県（島津氏領）では、いつ頃から一向宗が信仰されていたかということだが、永禄五年（一五六二）、真幸院主北原又八郎の死後、その叔父民部少輔と高崎城主白坂下総守などが一向宗徒となり領内が争乱になったとか、永禄九年（一五六六）には霧島参りの庄内一向宗徒三百人が焼死したという記録があり、人吉相良晴広は天文二十四年（一五五五）、「一向宗之事、いよいよ法度たるへく候」（以上『宮崎県史通史編近世下』）と禁制にしていることから、十六世紀中期には信仰されていたことが分かる。

浄土真宗は教団名称として一向宗とか門徒宗などといい一様でなかった。安永三年（一七七四）浄土真宗という宗派名公称を江戸幕府に願い出たが、浄土宗の反対があり実現しなかった。ようやく明治五年（一八七二）真宗と称することが許され、昭和二十一年（一九四六）に本願寺派が浄土真宗を称した。本書では時代により、江戸時代の記述には主として一向宗または真宗、明治期は真宗、一般には浄土真宗と概ね使い分けした。

薩摩領の一向宗禁制は十六世紀末から

島津氏の重臣、上井覚兼は天正十三年（一五八五）九月十五日の肥後隈庄の条において、

「当所なと皆々一向宗と聞得候、然者此前より之事に候条、無届ニ御成敗ハいかゝに候、先々彼宗旨を替可申之由稠被仰、其後も一向宗ニ候する者ハ、是非以生害させ申候て可然之由、被仰出候也」（『上井覚兼日記』）

と記している。肥後国は皆一向宗徒と聞いた。改宗するよう命じそれでも応じない者は殺害するというものである。

また、文禄三年（一五九四）六月には、佐土原（宮崎市）大光寺門前の男女が一向宗に帰依しない起請文を出している。

「　起請文
一、一向集（宗）ニ永代成間敷之事

一、一向集ニ成者、男女共此旨可代之事（略）

文禄三年甲午林鐘二十有五日

大光寺門前男女等敬白　」（『日向古文書集成』）

さらに、慶長十一年（一六〇六）には伊地知政重など四十八人が連名して新納忠元に奉公一心野心のない旨とともに、「今度一向宗就御糺明互心底不存候我々事者彼宗ニ不罷成候」と一向宗を奉じない旨の起請文を出している。

薩摩藩では寛永九年（一六三二）に一向宗改を行った。日州高原（高原町）など一向宗徒は知行を召し上げられ百姓は科物を命じられ、明暦二年（一六五六）には加久藤（えびの市）衆中に、万治二年（一六五九）には諸士、寺社被官の一向宗改を命じている。同三年には須木（小林市）で一向宗発覚が起こるなど、日向国諸県郡を中心に、衆中に多くの一向宗徒の存在が確認できる。

薩摩における一向宗禁制諸説

薩摩の一向宗禁制の理由や時期について諸説がある。

・石屋真梁禅師の後小松天皇による勅許説――石屋真梁は島津氏の支族伊集院忠国の子で、南北朝統一に尽くした功績により後小松天皇から一向宗禁制の勅許を得たというもの。石屋真梁は曹洞宗福昌寺を開山、同寺は島津氏の菩提寺となった。

・島津日新斎忠良による禁制説――島津第十五代貴久が父忠良と日薩隅三州統一に懸命になっていた頃、中央では織田信長や徳川家康らは一向一揆に手を焼いていた。このような中央での情報は島津氏にも当然入っており、一向宗への警戒を持っていたと考えられる。忠良の歌に、「魔のしよいか天眼おがみ法華しう一かうしうにすきのこさしき」とある。天げん拝みとは切支丹のこと、それに法華宗と一向宗、そして茶屋遊びは領内を腐敗させる元凶であるとし、日新斎の思想に合わないものであった。

・島津征伐時、豊臣秀吉に一向宗徒が内応した説――天正十五年（一五八七）豊臣秀吉は、九州の殆どを席巻した島津氏を討たんと二十万の大軍で攻め込んできた。このとき獅子島の一向宗徒が秀吉勢に協力し道案内したという。そのことにより、一向宗布教を禁じたというものである。これに関連して、天明三年（一七八三）に薩摩に来た古河古松軒は、豊臣秀吉は島津征伐に際し薩摩領民が一向宗門徒であることを知っており、親鸞上人直筆の六字名号を陣前して攻めさせた。このことにより、行く先々の薩摩陣将・諸兵は有難い名号を拝することとなり、涙を流し我先にとその場その場を退陣した。攻め来る大軍に戦わずして退陣する諸将が続出することから島津氏も打つ手がなく降参、それから島津領日向・大隅・薩摩は一向宗禁制になったと記している。

・伊集院幸侃一向宗信者説――島津氏の支族伊集院幸侃（忠棟）は豊臣秀吉による島津征伐の際和平交渉に奔走、薩摩は島津義久、大隅は義弘、佐土原（宮崎県）は家久に安堵された。その後、伊集院幸侃は秀吉や石田三成に近づき、文禄二年（一五九三）の太閤検地で都城八万石を与えられた。幸侃には野望があるとして、島津攻めで九州東側を南下してきた羽柴秀長の野尻陣に招かれた佐土原の島津家久が中毒死したこと、歳久が秀吉の怒りに触れて憤死したことなど、全て幸侃の策

伊集院忠真供養塔（旧野尻町）
伊集院幸侃の子忠真も野尻で誅殺された

略であったとする風説が流れた。

慶長四年（一五九九）、幸侃は義弘の子忠恒（家久）によって伏見（京都）で誅殺され、幸侃の子忠真源次郎は都城で宗家島津氏に抵抗する「庄内の乱」を起こした。島津氏はこの乱に手を焼き、徳川家康から助勢の命を受けた延岡高橋氏や高鍋秋月氏らが出陣している。結局、忠真の頴娃一万石に転ずることを条件に和議が成立した。幸侃一族は一向宗であり、門徒であった領民も乱に加わったと伝え、島津氏は後難を恐れて禁制したというものである。

以上のように諸説あるが、石屋真梁の一向宗禁制勅許説、豊臣秀吉九州征伐時一向宗徒の道案内説、伊集院幸侃一向宗徒説などいずれも副次的理由であろう。一向宗は「仏の下では皆平等」という教義を第一とし、時と場合によっては一揆という形で為政者に抵抗する教団であった。事実、室町末期には越前や加賀、三河、近畿で、一向宗門徒や僧侶らが戦国大名に反抗し一揆を起こしている。中でも長享二年（一四八八）加賀守護を倒し、以後九十余年にわたって加賀一国（石川県）を支配した一揆は有名。また、永禄六年（一五六三）三河で起きた一向一揆では徳川家康が激戦の末ようやく鎮め、石山本願寺の一揆は戦国時代の覇者織田信長を十年にわたって苦しめ、条件つきで講和している。

この石山本願寺一揆以降一向一揆は起きていない。一向宗門徒が反体制の行動をとることから領主・大名たちは大いに警戒したが、信仰は認めざるを得なかったのである。しかし、南九州では薩摩島津氏と人吉相良氏が一向宗信仰そのものを禁止した。一向宗禁制に踏み切った理由は、一向宗は武士を頂点とする身分社会を否定する教義と、権力側に一揆で立ち向かうという攻撃性があったから、というのが根本的理由であろう。

中世末から近世を通じ薩摩藩と人吉藩のみが一向宗を禁制したのは、両藩とも日本国土の南端にあり真宗（一向宗）の伝播が遅れたという地理的事情と、中世・近世を通じて支配者が変わらず藩の方針を変えることがなかったからという、歴史的事情の二つの共通点があったと言われている。

二　宗門改めと門徒摘発・懲罰

郷士による宗門改め

江戸幕府の切支丹と不受布施派禁制に関して、各藩では領民の宗旨を踏み絵・寺請などで検察、領民一人一人について宗門人別帳に記載し、檀那寺に仏教宗派の帰依者であることを証明させていた。不受布施派とは法華宗（日蓮宗）の一派である。これを宗門改めというが、薩摩藩ではこれに一向宗を加えて行った。

薩摩藩では、領民一人一人に木札を与え、これに宗旨・姓名・年齢を記入し身分証明書とし、宗門改め毎に取り替えた。これを改める責任者は他藩のように寺院ではなく、農村にあっては庄屋、町にあっては別当、漁村では浦役人であったが、庄屋も別当も浦役人も全て郷士であった。この証明書がなければ婚姻・入籍、旅行などもできなかった（『鹿児島県大百科事典』）。

嘉永五年（一八五二）に出された「宗門手札改め様之条々」というものがある。切支丹宗門は大禁で前々より領民すべてに宗門手札を下していたが、一向宗改めも行うというものである。

一、切支丹宗門については特別入念に穿鑿すること。もし不審な者があった場合は早速捕え申し出ること。かつ又領内禁止の一向宗についても入念に調べること、もし一向宗信者があった場合は知らせること。
一、一向宗については宝永三年（一七〇六）改め以後、頭取、本尊書き物、仏具持ちに限り本人並びに家内男女十五歳以下の者の手札に、「前一向宗」という肩書をつけることにしていたが、これからは手札だけでなく帳面にも肩書をつけること。
一、一向宗科《とが》により百姓に身分を落とされたが一向宗徒訴人となり、以前の身分に戻された者、一向宗という肩書きを付けられたがその後本尊や書き物、仏具等を差し出した者は手札の「前一向宗」の肩書きをとること。但し帳面には肩書きや子細を記しておくこと。（『近世御仕置集成』）

などを定めている。

明暦二年（一六五六）二月十二日に宗体奉行所から「一向宗禁制之覚書」というものを出している。概要は、代々禁制にしている一向宗について、表面上は一向宗徒にあらずという態度であるが、その宗旨に転じ本尊など隠し持っている由《よし》入念に取り調べること。本尊持ちや門徒には誓紙を出させ、転宗した者については、「何れ之寺ニ付何宗ニ罷成」との書付を取り置くことなどを示している（『宮崎県史史料編近世5』）。

薩摩藩では宗門改めを五年毎に行ったというが、鹿児島大学桃園教授の研究によると寛永十二年（一六三五）から慶応二年（一八六六）までの間に三十回実施されたという（『霧島町郷土誌』）。

初めは十五年毎、時代が下るとその間隔は狭くなっているが、これは藩が財政改革に着手しているとき、薩摩門徒から莫大な上納金が本願寺へ流出していることが判明したことから、天保の大法難が起きたことと関連する。天保の大法難も含めて、このあたりについては次にふれるとしても、明治維新後にも手札を改め信者摘発を行っているのは驚きである。

上納金発覚——天保六年の大法難

天保元年（一八三〇）の夏、焼香講で本山への懇志上納を話し合った。焼香講とは第三章で詳述するように、その講の世話役をしていた万治という者がおり、この人物もともと悪人で聖導寺に強盗に入った。住職を斬りつけ金を盗んで逃亡したが、幸いに命を取り留めた住職が役人に訴え出たことにより万治は捕縛され、鹿児島へ送られ取り調べられることになった。焼香講は次に出てくる烟草講や仏飯講とともに隠れ念仏講の一つである（後述参照）。

万治は犯した悪行の他に秘密の念仏講のこと、各講が毎年本願寺へ多額の金を上納していることを白状した。藩はこのことを知り大いに驚き大騒ぎとなった。まず、門徒であった銀太郎という者が万治の白状に感づき、妻子を連れて逃亡、かわりに兄銀四郎が捕らえられ厳しい尋問があったが「知らぬ存ぜぬ」を通したので釈放された。役人は講についての糾明に的をしぼり万治を尋問した。万治は小林郷から二十貫目（約六十六万円）を上納したこと、二十七か郷に講があって阿弥陀如来像を隠し持っていること、毎年莫大な金が本願寺へ出ていることなどを自白した。

藩はこの際一向宗を根絶しなくてはならないと、情報収集に田代孫市と種子島某それに目付役人一人を上京させることを決めたが、鹿児島城下の門徒がこれを聞きつけ菱刈烟草講に知らせた。烟草講では田代などの人相書（中年やや肥満、赤面で中ビン禿頭、目大きく眉濃く、能弁）を添えて焼香講と仏飯講へ知らせた。

焼香講から茂左衛門、仏飯講から直右衛門が中村（宮崎市）の善照寺にかけ込み、さらに柏田（宮崎市）の直純寺に知らされた。直純寺住職は直ちに上京し本山や旅館など緊急手配した。これら一連の処置が功を奏し、京へ派遣された田代孫市らは情報入手ができず法難は起こらなかったが、京都を調べる方針は続き天保六年（一八三五）の大法難となった（「薩摩國諸記」）。

密告と摘発

役人による摘発は村々に破竹の勢いで乱入、あるいは夜中寝込みを襲い、あるいは農作業で野良に出ているところを捕捉するというものであった。家を探索し棟梁に隠し置いた講仏・祖師真影・印書・什物など残らず探し出した。逃亡する者があれば船の出港を止め、旅行を止めさせ、村々の名寄帳（土地台帳）で六親眷属（血族・姻族）を調べ、拷問の打擲《ちょうちゃく》・呵責《かしゃく》は先年に倍増し、打ち殺される者も出る有様であった。

この摘発は四魔族の一人鬼塚龍右衛門の密告であった。四魔族とはこの鬼塚の他に藤井道伯・肥後喜左衛門・吉井実右衛門のことで、これらは真宗教義に委《くわ》しく本山参詣も五、六度は行い、講物代も務めるという門徒内でも指導者であったが改宗したのである。それで各講の内情をよく知った情報によるものであったから、屋根裏に隠した仏像や絵像など悉《ことごと》く見つけられ、摘発された本尊は二千幅、門徒は十四万人に及んだといわれる。

摘発された者は百姓だけに止まらず郷士も含まれた。百姓は下男へ落とされ、郷士は家名を剝がれ名字帯刀を禁じられ、身分を百姓に落とされた。士は知行を取り上げられ財産は寺領へ、百姓は財産を没収され神社修理料に宛てられた。

なお、一旦一向宗信者とされると、協力すれば士格に戻すという条件で隠れ門徒密告つまり裏切り行為を強要された。

「一向宗より転宗した者を一向宗訴人と称し、其の子孫を代々訴人とする事もあった様であるが、訴人は自身監視を受けると共に、宗門方加役等と同様、検察の責任を負ひ、また検察には密告者の免罪・褒賞の制度が行われてゐた。」（『鹿児島縣史第二巻』）

筆者が講社の聞き取り調査をする中で、江戸時代、当局へ密告したという家二軒があり、現在も地区の秘密として語り継がれているということが分かったが、根深い怒りの一端を知った。

拷問

一向宗門徒と疑うと会所（現在都城警察署がある所）に連れていき自白を迫るが、白状しないと拷問を行った。先ず太い青竹で、臀部、上腕、脛、上膊を打つ。竹が割れるほど打つ。樫の棒で打つ場合もあった。打った所が化膿して蛆がわいていても容赦なく打った。血膿が飛び散ると砂をかけて打った。それでも白状しないと、男の場合は断面が三角の割り木を数本並べた上に正座させ、膝の内側に棒を

拷問石（山之口安楽寺）

挟ませた。それだけでも苦痛であるがさらに膝の上に板状の石をのせ自白を強要する。それでも自白しないと石を加え、その重さは五、六十斤（30〜36kg）にもなり、さらに膝に挟んだ棒を左右から棒で叩く。そうすると皮肉は破れ血が流れて脚の骨は砕けるという苛酷なものであった。この石を「拷問石」と言った。

吊り責めもあった。髪を紐で結び両手を後ろに結わえて吊るす。頭と足を逆さにして吊るす、さらにそのまま水槽につけるという水責めも行った。水責めには口に漏斗を入れ水を無理やり飲ませるという拷問もあった。満腹になると腹に板を添えて圧迫して水を吐かせ、また飲ませ吐かせるを繰り返すというもの。また、焼いた瓦に座らせるとか、熾火を一杯入れた壺を抱かせる、睾丸を蠟燭の火で焼くなどの火責めもあった。

女の場合は庭に置いてある木馬に素っ裸にして乗せるとか、または陰門に大縄を挟ませて歩かせるという恥辱的な拷問を行った。身命を惜しまない覚悟で教化を重んじ、他の門徒に害が及ぶことを恐れる門徒は白状しないので、五体を打ち砕かれて病人となるか牢内で自殺する者もあった（『薩摩國諸記』）。

「天保十年（一八三九）の法難崩れでは、入牢の男女数百人に及んだ。其の内には既に出産の臨月

処刑場跡と伝える丘（旧高岡町）

に迫ってゐる者もあり、獄屋へ行くと直ちに出産したるもあり、三歳以下の幼児は母子共に入れられたので、其の泣叫ぶ者多く、獄屋は狭く、一畳を七、八人にあてがふので、立居にも難儀し、其の上に熱病が流行して、日を追って死者が続出し、死者を俵に入れて外へ出置くに、犬等集まり、之を食ふ様、此の世の地獄といふべきか、目も当てられぬ惨状であったといふ」（『鹿児島縣史第二巻』）

身分落としと所移し

拷問や入牢の他に身分を落しての所移し＝人移しもあった。寛永十一年（一六三四）竹下源左ヱ門と前田小外記介、竹下清右ヱ門、猿渡猪兵衛、松山佐渡守ら五人は一向宗科《とが》により処罰されている。源左ヱ門は十六石五斗の禄を召し上げられて花ノ木村（都城市山之口町）川内門の百姓に落とされ、小外記介は禄三石六斗、猪兵衛も禄四石四斗を取り上げられて、二人とも栗野（鹿児島県）の移し百姓に命じられた。清右ヱ門は冨吉村（同山之口町）岩崎門百姓に、松山佐渡守は高城桜木村（同高城町）百姓に命じられている。これらは身分を士分から百姓に落とされ、山之口と高城の門百姓として名頭や名子の下で働くことになった（『近世御仕置集成』）。

寛文元年（一六六一）にも郷士青木兵右衛門と白石済兵衛、柳田稲右衛門が一向宗科によって屋敷を取り上げられた。兵右衛門は持高の五斗を取り上げられ、その後死んだので家系は断絶した。済兵衛は持高二石五斗を取り上げられ、高城石山村（都城市高城町）へ、稲右衛門は持高一石四斗が取り上げられ、高城有水村（同）へ移し百姓を命じられらている（『古今山之口記録』）。

寛永十一年の竹下源左ヱ門ら、寛文元年の青木兵右衛門らの人移し以前、元和元年（一六一五）にも山之口へ領内各地から七十六人が移されている。殆どは「山之口へ召し移され候」とあり理由は明記されていないが、中に「宗躰科に依り」とか「一向宗科に依り」とあり、一向宗信仰が発覚して移されている。この場合も「移し百姓に仰せ付けられ候」とあり身分は郷士から百姓へ落とされ、中には「一向宗科家断絶」という重い処罰を受けた者もいる。

正徳五年（一七一五）にも一向宗科で三家族が山之口に移されている。甚右衛門一家は大口（鹿児島県伊佐市）から花之木村坂之下門へ、助右衛門一家は伊集院（同日置市）から山之口村南之門へ、平右衛門一家は高尾野（同出水市）から富吉村庄屋の名子として所移しされている。

山之口の隣り勝岡（三股町）に桜島郷士が移されている。助兵衛と二男助作、三男與作で、三人は苗字を剝奪、助兵衛が餅原村（三股町）の友房門へ、助作は蓼池村前目方限下村門へ、與作は前目南屋敷へ百姓として入れられた。與作の妻は菱刈郷士の出であったが百姓にされ蓼池村橋之口門へ移らされている（『重久家旧蔵文書　宮崎県史史料編近世5』）。

勝岡では天保六年（一八三五）三月二十七日から一向宗探索が始まり、同年閏七月十六日には門徒から誓紙を出させているが、その数は八百九十四人であった。明治初期の勝岡郷の人口をみると蓼池村八百八十七人、餅原村二百三十四人（『日向地誌』）であったので実に八〇パーセントが一向宗門徒であったことになる。誓紙を出した者には「御咎目なし」の裁定であったが、これは余りにも多く処罰しようがなかったということか。

このような所移しは山之口だけでなく薩摩藩内の至る所で行われた。鹿児島県高山町の事例があるので挙げる。高山の新留では宝暦五年（一七五五）に一向宗科で出水の女一人、安永十年（一七八一）に同罪で重留の女一人、天明七年（一七八七）にも同科で川辺の女一人が所移しとなっているし、高山の宮下には天保十二年（一八四一）一向宗科で男女十三人が鹿児島その他から移されている。所移しは一向宗信仰が発覚した者だけに限ったものでなく、先の高山新留へ木代銀・科銀滞納で丑年（不明）に加世田の男女十四人が移されている（『高山郷土誌』）。

薩摩藩は厳罰を背景に一向宗門徒に自首を促している。宝永五年（一七〇八）十二月と翌年七月の場合は、自首した者には誓詞を書かせている。その数は千人に及んだという。その結果門徒はいったん減少したが享保頃（一七一六〜三五）には再び増加、それで藩はしばしば令達して取締りを励行したのである。

明治に入っても

ところで、薩摩藩はいつまで一向宗門徒を弾圧していたのかということであるが、これは明治初期まで行われた。明治新政府による新しい世になったのであるが、旧薩摩藩内では相変わらず真宗門徒の摘発が行われていた。

都城平江の小山田某は「旧都城県内旧鹿児島分真宗禁制地方において、密かに同宗開弘致し候者にて（略）」明治五年十一月二十七日、刑期一年の刑で鹿児島県内大島居住となった。島流しであろう。明治六年十二月二十一日で満期になるのであるが、今般管内一般宗旨は人々好むところに従う旨布達され、ほかに罪状もないので免帰申し付けるという内容の文書を、明治六年八月二十七日付で宮崎県聴訟課長から都城支庁へ出している（『都城市史史料編近現代2』）。

明治四年十一月、日向国那珂・宮崎・諸県の三郡と大隅国六郡が都城県となり、同県内は明治五年六月に信教自由の布達がなされている。にもかかわらず島流しと思われる刑を執行されたのである。明治六年一月都城県は廃され都城は宮崎県となり、小山田の家族や親戚から法と刑執行の矛盾を指摘され、宮崎県は釈放の手続きをとった。しかし、鹿児島県は依然として真宗禁制で、明治九年（一八七六）漸く解禁となった。

三　門割制と身分制の差別社会

門割制度

薩摩藩は農民統制と租税確保のため独特の門割制度を実施した。領内各村をいくつかに分割し、それを門割といい分割した耕作地を門《かど》といった。農民に門を所定の期間耕作させ年限がくればその土地を藩に返納させるもので、藩は改めてその土地を他の門に割り替えて耕作させる制度である。この門割制度は貢租の基盤をなすもので、土地の付与・土地の割替・均等収受を結合した独特な制度で、郷士制度・外城制度と表裏をなすものであった。

農民に供給された耕作地を門地と呼び、割り当てられた耕作地の面積を門高といった。割り当て方は門内の人数や土地の種類、また、土地の肥沃度などを考慮して決定した。一旦割り当てられると、門は一つの組織として門地を耕作しなければならなかった。租税つまり年貢は門高によって決められたため、門を構成する者が連帯して納めることになっていた。一般にいう五人組と似た組織になっており、それで農民の事故とか天災などにかかわらず毎年一定の税が納められる仕組みとなっていた。一門の土地割付は概ね二十石が基準となっており、二十石以上を門、二十石以下を屋敷という場合もあった。

門は名頭《みょうず》と名子《なご》で構成され、名頭は門の長で納税の責任者、世襲で苗字を名乗ることができること、広い耕作地を与えられるなどの特典があった。また、名頭は名子の上に位置づけられ家長的立場にあり、世襲で嫡子がない場合は養子をとって跡目を継がせた。

名子は名頭の下にあって多くは名頭の次男や三男、弟など血縁関係にあり、名頭と名子はいわゆる本家分家という立場であった。名子の下に要夫《いぶ》がいた。要夫は十五歳以上六十歳未満の男をいい、六十歳になると義務が免除され要夫外といった。名子は要夫の中で家長の地位にある者をいい、嫡男が十五歳になると新名子と呼ばれた。名子の家に継承者がいないときは必ず養子を入れ、その家を継がせることが決められていた。納税を維持するため人配することも多々あり、この場合も家父長的関係は維持されたが、中には血縁関係でない場合もあった（『小林市史』『高原町史』）。

人配

薩摩藩の門割制では人配《にんばい》という強制移住が行われた。日向・大隅（東目）は人口に比して広い土地があったのに対し、薩摩（西目）は土地が狭かったため西目から東目への移住が基本となっていた。

人移しは何も百姓だけに留まらなかった。

元和元年（一六一五）領内各地の郷士七十六人が山之口（都城市山之口町）へ人配されている。移される前の居所は八代・穆佐・倉岡・高岡・高城（以上宮崎県）、頴娃・垂水・姶良・加治木・鹿野・帖佐・福山・伊作・伊集院・串良・国分（以上鹿児島県）など広域にわたる。これらの者について、地頭最上

右近義住へ山之口庄屋が提出した文書があり、主立った者を挙げると（『古今山之口記録』）、

一、八代より高原高城へ罷りあり元和元年山之口へ召し移され候　里岡大炊兵衛
一、垂水より末吉高城へ罷りあり右同年山之口へ召し移され候　田嶋利左衛門
一、伊作より元和元年山之口へ召し移され候　原沢惣兵衛

里岡大炊兵衛という郷士は山之口に移される以前に八代（国富町）から高原高城（高原町）へ移され、元和元年（一六一五）山之口に移された。田嶋利左衛門は垂水（鹿児島県）から末吉高城（同県）へ、さらに山之口と移されているのである。これは今にいう転勤なのだろうか。

万治二年（一六五九）には山之口へ志布志牢人、鹿屋牢人、高岡衆中、穆佐衆中など二十二家族百五人が郷士から百姓に身分を落とされて人配という強制移住を強いられている。これは身分を落とされているから処罰である。

「　山之口へ
一家内六人　鹿屋牢人本名竹下猪之助事　野上門へ　猪之助
一同　八人　右同牢人本名冨岡源右衛門事　日当瀬門へ　源右衛門
（以下略）」（『古今山之口記録』）

とあり、竹下猪之助という郷士は名字を取り上げられ身分を百姓に落とされて山之口野上門へ人配されている。冨岡源右衛門も同様に百姓へ落とされ山之口の日当瀬門へ移されている。猪之助や源右衛門らを含む二十二家百五人がどのような科《とが》で移住させられたのかは分からない。

万治二年（一六五九）から翌年にかけて身分を下人から百姓に上げられた者十四家族五十一人が、山之口各所の門から山之口や高城の門へ人移しされている。ここでは、どのような理由で下人へ落とされ、また百姓へ引き上げられたのかは明示されていない。

肥桶（コエタンゴ）士

鹿児島城址　外城郷士より鹿児島士の方が格が上だった

「薩摩見聞記」に「外城士族は（略）半農半士たるの故を以て、城下士族よりは田舎武士とて痛く賤められ、非常の圧制を受け、途中に相逢ふて少しく無礼あれば殆んど斬捨御免の有様なり。一枚の届を出せば夫にて事済みしなり」とあり、外城郷士は城下士から無礼討ちされても家族は泣き寝入りするしかなかった。城下士は日常的に郷士に対し「コエタンゴ（肥桶）士」とか「カライモ（薩摩芋）士」などと呼び蔑んだという。

薩摩士の間では城下士と郷士の差別だけでなく、差別された外城郷士の中でも麓郷士と在方郷士の間に歴然とした格差があった。

外城の麓は府本とも書く場合があり、行政・軍事・文化・経済など地方の中心地で外城衆中の屋敷が集落を形成、地頭仮屋・噯所《あつかいしょ》（郷士年寄所）・与所（与頭役場）・触役所・別当役所などの諸役所や祈禱所・菩提寺・射場・宗社などの施設が整っていた。

噯・組頭・横目いわゆる所三役からその配下に書役・普請見廻・仮屋守（地頭仮屋の管理）、相談役・触役・郡見廻・溝見廻（灌漑排水）・櫨楮見廻（櫨楮漆植栽と管理）・木竹見廻（木竹植栽保護）・部当（野町首長）・行司（山林事務）・牧司（牧事務）など多くの役職が置かれ、庄屋や浦役（浦首長）などは郷士の中から選抜された。これら諸々役付きの麓郷士は村々で百姓をする郷士、土地もなく小作人的な在方郷士を見下げる風潮があった。

藩士と郷士

薩摩領民は多様な身分に分かれていた。基本的には士農工商であるがその各層にも差別があった。身分は世襲で決まっており自由に他の身分に替わることは出来なかった。

藩士には一門家・一所持・一所持格・寄合・寄合並・小番・新番・小姓与・郷士・与力などがあり、それより下って士に準じる足軽があった。士の間にも家格や格式の規定があり上下関係があった。士には一つの特権として名字帯刀を許された。百姓町人には格別の功績があった場合以外は許されなかった。

百姓町人は士に対し極めて丁寧な礼をすることが定められ、無礼な者は斬り捨て御免が認められていた。槍持ちを従える役人やそれ以上の役人と行き合うと、百姓は馬の口を留め道の片側に土下座、商人は荷物を道端に寄せ不敬がないようすること、諸士以上は慎んで通行することなどが規定されていた。さらに、諸郷ではこのような規定以上の厳しい敬礼を強いられ、百姓町人は郷士に対しても平伏するほどであった（『小林市史』）。なお、外城とは薩摩藩の社会組織の基幹をなす制度で、藩内を一一三の区画に割り、それぞれに地頭仮屋を設け、その周囲に麓という武士集落をつくってその地域の行政を管轄させた（『鹿児島県大百科事典』）。例えば日向諸県では加久藤、飯野、小林、高崎、都城、山之口、高岡などに置かれた。

武士は鹿児島城下に居住するだけでなく、多くが各外城の郷々に居住した。鹿児島城下に居住する武士を鹿児島士、各郷に居住する武士を外城衆中と称したが後に郷士と改められた。古くは鹿児島城下に居住する鹿児島士も郷士も同格であったが、正徳三年（一七一三）から外城郷士は百石定限となる一方、鹿児島士は藩内を取り仕切る政務を担当する何百石、何千石の武士もおり、藩の意向を下す立場となり郷士に対しては命令的となった。経済的にも郷士より優位に立ち、自然と鹿児島士と外城郷士の間は主従的差別的な関係となった。さらに、郷士も麓郷士と在方郷士とに分けられていた。

郷士は耕作地を有し百姓同様に農耕に従事した。しかし、農業だけでは家計が維持できず、手内職など身に付け職人として生業に従事する郷士も多数いた。小林地方には阿多たんご（桶職人）・加世田大工・田布瀬バラ作り（竹細工職人）、その他木挽農具・鍛冶などが西目筋から出稼ぎに来ていた。百姓が家を建てるとき雇い主である百姓は郷士の大工から呼び捨てにされ、雇い主であるのに大工に対して慇懃な態度で接しなければならなかった。

三島通庸顕彰碑（都城市庄内小学校） 地頭として就任したが、都城郷士の抵抗で苦労した

身分的差別は明治になっても厳然と維持されていた。版籍奉還後、旧薩摩藩主島津忠義は知藩事となり、政府施策に基づいて藩政改革を実施、私領として分知していた地域を直轄地として地頭を置いた。明治二年（一八六九）に都城地頭に就任した三島通庸は、旧私領都城島津氏の元家臣たちの反発を受けて一時鹿児島に帰るが、帰任後、大御支配と称する田畑の総割り替えと三郷分割を実施した。反発の主要因は旧藩時の三島の身分であった。しかし、三島は地頭として住宅地や商店など町づくり、道路や堤防修築、母智丘神社建立、産業・教育・兵制などに実績を挙げた。現在、三島が改革を行った三股町と都城市庄内に彼の顕彰関係碑を見ることができるが他では見ない。

貧困と差別――加世田一揆

安政五年（一八五八）十一月、一向宗徒への取締りが厳しいことに加え、貧窮在方郷士の麓郷士への反発、麓郷士の圧制などへの農民たちの不満が爆発して、数千人が参加した一揆が加世田郷で発生した。薩摩藩ではそれまで外城制度や門割制度で締め付けられ薩摩本土では百姓一揆らしいものは起きていなかった。

十一月十八日、麓犬追馬場で行われる射治式に集っていた郷士たちへ郷士尾辻喜太郎が檄を飛ばし、一向宗門徒の郷士や農民を津貫の新山に集めた。集った士民は三日間謀議を重ね、郷士は刀や槍、農民はカマやナタで麓を襲撃、併せて藩庁へ農政の改革を直訴しようとした。一揆に加わらなかった加藤新左衛門が事の成り行きを麓の地頭仮屋に報告したが、麓上級郷士たちは狼狽するばかりで打開策を見出せなかった。一揆勢の意気は盛んで、一時は麓が灰燼に帰すのではないかというような状況であったが、日新寺方丈某の仲裁で呆気ない幕切れで終わった。首謀者である永田助左衛門、川野甚七、平川休左衛門、青木随右衛門、川村権左衛門、加藤源兵衛、仁礼正五郎、仁礼沢蔵、池田六郎兵衛らが捕えられ、後日、鹿児島の藩庁から呼び出され大門口の獄舎に入れられた。中で一番の重刑は加藤源兵衛で、投獄三年、種子島へ流罪四年（理由不明）であった。また、平川休左衛門は獄死した。

在方郷士と農民はおおかた一向宗徒で、生活苦にあえぎ、この一揆の根底には平素からの身分的経済的な不満と苛烈を極める一向宗弾圧があったといわれる。

一部の麓郷士と大多数の在方郷士とには明らかな経済格差が存在した。明治五年（一八七二）の「加世田士族明細帳」によれば、全士族九百十七戸のうち二百八十四戸（約三十一％）が麓郷士、六百二十戸（約六十八％）が在方郷士として各村に散在しており、残りは他所居住や居所不明のものであった。そのうち四石以上の高持は百八十八戸で、内訳は麓郷士が半数の百四十二戸、在方郷士は僅か四十六戸、全士族全体の八割近い七百二十九戸は四石未満か無禄であった（『鹿児島県大百科事典』）。

無禄郷士

郷士の経済的格差は加世田に限らず他の外城でもあった。明治二年（一八六九）の記録ではあるが旧藩時代小林郷士の持高を伝える資料がある。同年十月、五十石以上の外城郷士は五十石を上限とし調整された。内訳は小林郷士総数五百五十一家部（堤及び明治二年加世田より来住者含む）のうち、五十石五家、四十石以上十四家、三十石以上六家、二十石以上九家、十石以上二十四家、五石以上三十七家、一石以上百三十九家の計二百二十九家（全体の四二パーセント）。過半は一石未満であった。また、一カ所持士つまり屋敷のみ有し禄がない郷士が十戸、無屋敷士つまり借地居住している郷士が百三十九戸で、小林郷士の殆どは数石から無禄に等しい地位に置かれた（『小林市史』「小林士族高帳」より算出）。

在方郷士は麓郷士のように役職につくこともできず、かといって門百姓のように門高の配当もないので、永作地・大山野などの自作地を小規模に開発して自給するか、鍛冶屋とか大工、紺屋など職人として生業を保つか、上級郷士の小作人としての地位に甘んじるしかなかった。つまり、彼らは武士とはいえ経済的には小作人・零細職人・日雇人であった。

麓郷士にたいする在方郷士の反発から一揆が起きた加世田では、明治以降も麓と在方の対抗関係は続いた。明治二十二年（一八八九）町村制施行にあたって、加世田郷は加世田村・東加世田村・西加世田村の三村となった。大正十三年（一九二四）に加世田村が町制をしき、翌年東加世田村は万世町と改名して、麓のある加世田町とはことごとく対立した。この万世町が加世田町と合併して加世田市となったのは昭和二十九年（一九五四）のことであった（『鹿児島県大百科事典』）。

『笠沙町郷土誌』に次のような記述がある。「麓郷士の威張りようは大変なもので、教員をしている自分に対しても、麓の子弟はろくに頭も下げぬ横柄さであった。幼い時分麓の子弟は同じ子供なのに私達をまるで小使のように、魚釣りの餌とりにこき使ったりして本当に悔しいものだったと、一揆の時子供だったという益山村居住の故池田氏は語った。」

これは町誌編纂に関わった人が聞き取りを掲載したものと思えるが、おそらく明治・大正の頃まで身分的差別が、それも子ども達までもが踏襲していたことを物語る記述である。

貧困に苦しんだのは下級郷士だけではなく百姓も同様であった。百姓に対する年貢の割合は、薩摩藩では実質九割前後であったという（『鹿児島県の歴史』）。一方日向諸藩は佐土原六割、延岡三割一分から五割五分、高鍋二割二分五厘九毛から三割六分六厘九毛であったから、その搾取される度合は日向諸藩の比ではない（『日向経済史考』）。

郷中教育と薩摩人気質

薩摩の士は質実剛健を旨とし尚武の気性が盛んであった。古河古松軒は「薩摩の武風を見るに、鎌倉の遺風があって悪しからず、江戸へ両度も参勤して上方の筋の風俗を見た士は、中国筋の士風とさして変らないが、外城に住み、薩領の地を離れない士は、その容体は土佐絵に写したごとく、長刀に脛も見える短袴で、言語も国訛りでいかにも古の武士はこのようであったろうかと頼もしき体である」と記している。

士風の形成に強く影響を与えた教育に青少年の郷中教育がある。郷中は文禄・慶長の役の頃、新納忠元などが組織したと言われ、同士が集り士気を鼓舞し文武を奨励したという。

郷中は稚児と二才《にせ》で構成する。稚児は五、六歳から十三、四歳の前髪の子どもで、その中でも十二、三歳以上を長稚児、その下を小稚児と言った。二才は十四、五歳から二十三、四歳の元服した青年であった。稚児・二才には稚児頭・二才頭がいて郷中を統率、頭は概ね年長者から選ばれたが、文武に秀で才器徳望を有するものは、年齢に拘わらず推されて頭に就くこともあった。郷中の気風・規約は忠孝仁義、質実剛健を旨とし文武の鍛錬に努めた。郷中では年齢の序列を厳格にし兄弟のように親密に交わるが、他の郷中の者と猥《みだり》に交わることを戒めた。

古河古松軒は鎌倉武士風で頼もしいと記しているが、飫肥藩家老であった平部嶠南は批判的な記述をしている。天保十二年（一八四二）二月、薩摩領内を通行していたときのこと、

「二十四日、案内者を雇うて下馬辺より浄光明寺福昌寺などの勝地を巡覧す。往来の途中しばしば兵児に逢いしに余等を見て皆大いに笑う。何を笑うぞと問えば案内者答えて云う。君等の髻《もとどり》の大なるを見て笑えるなり。総て薩摩の人は皆鬢髪の禿げて髻の小なるを貴び候えども、唯々少年の君側に扈従する者は容を治にして髻を大に結ぶ故に、偶々平人の髻を大きく結びたる者を見れば、ウーシコ（御小姓）と名づけて嘲り笑うなり。（中略）ウーシコは即ち大髻の方言なり。

余等明日は打立んと云うに逆旅主人より、宿賃の外別に銭五百文を与えよと云う。如何なる銭ぞと問えば、旅人の運上銀にて町会所に納める銀なりと答う。嗚呼古は関市譏《とが》めて征さずとこそ

聞きしに、この邦にては旅人の税金まで貪り取るは、そのほかの事も思い見るべし。総て鹿児島の風は観つべきものなし。市人利を貪りて農民は甚だ困窮し、寺社は壮麗を極めたれども民舎は甚だ退廃せり。衣服言語も都風を学びて街巷市店頗る華靡を極めたり。但し士人は強毅質直の風あり。なかんずく兵児と唱うる者は、他藩のなき所にして国を強うするの術と謂うべし。然れども前に云いし大髻御小姓の類にて、今の兵児は古の兵児に非ず。頼山陽後兵児の歌に長袖緩帯都人に学ぶと云うは、この心境を目撃せしなるべし。かつ又薩人に貴ぶべきは、皆国悪を言うことを諱む。余薩境に入りしより未だその国悪に言いしを聞かず。其故何如となれば、蓋し薩人は終身その国を出ざる者多ければ、他藩の事は更に知らず。たまたま悪政の出たりとも、他に比較することなく、左まで苦しくも覚えず。またいわゆる国自慢にては、世の中にただただわが国より善き国はあらじと思う故に、国悪を言うべき理なし。是によって之を考うるは、位に居て政を執るの人は遍く国風を観て斟酌《しんしゃく》する所あるべき勿論なれども、卑賤の小民に至っては終身その国を出ずして、他藩の事を知らざるべくなり。総て薩摩領内は、旅人を譏察《きさつ》すること甚だ厳密なる故に、諸国の旅人皆薩摩に入る事を願わず。余等往来の間にも旅人と思しき者を見ず。苛察《かさつ》の政なりと雖も規律の厳なること他藩の及ぶ所に非ず。薩摩の薩摩たる所以なり」（『六鄰荘日誌』）

平部嶠南は短い薩摩旅行で薩摩人気質を鋭く見ている。この時二十七歳、後に藩政に関わるのであるが、文中にその片鱗を感じさせる。

四　厳しく制限された薩摩入国

密貿易と監視強化

薩摩藩は他国の者が入ることを警戒し厳しく制限していた。江戸幕府は外国との交易を制限し入出国を禁止していたが、薩摩は他藩との交流を断ち経済的には自給、いわば二重鎖国をしていたのである。その最大の理由として琉球や唐（中国）との密貿易があげられる。幕府は長崎だけを開港しオランダと中国との交易を行っていたが、幕府以外が外国との交易をすることを禁じていた。がしかし、薩摩はこれを行っており幕府に漏れることを極端に警戒したのである。

薩摩藩は寛文七年（一六六七）七月、次のような触れを出している。

「他国商売法度の品隠し買い致し、罷り通る者もこれ有るべく間、その覚悟致しこれを改むべし、若し定め置き手形所判形の外は誰人の証文と雖も、荷主まで留め置き披露を遂ぐべき事、右条々堅固に相守るべし、聊かも緩ませある間敷くもの也」（『古今山之口記録』）

番所役人へ出した通達であるが、藩外持ち出しを禁止している物品を持っている者への対処を示している。決まった売買手続に従っていなければ、誰の証文であっても通してはならないというもので、通達を「堅固に相守るべし、聊《いささ》かも緩ませある間敷くもの也」と強調している。

元禄四年（一六九一）にも抜け荷禁止の通達を出している。この通達には抜け荷の手口まで具体的に示し取締りの盲点を指摘している。

「琉球や唐の荷物改めについて、毎度申し渡しているとおりであるが近年抜け荷が発覚している。手口は布団などの寝具や砂糖、樽などの中に糸や反物を入れ込むというものである。商売人が他国へ出るときは、十分念を入れ諸道具を改めること。藩外への持ち出しを禁止している白糸・縮緬・紗綾・綸子そのほか唐物を持っていれば穿鑿《せんさく》し、荷主は留め置いて宿次を以って早々に申し出ること」

とある。同様の通達が翌五年にも出ており「聊かも油断ある間敷く候なり」と山之口 改《あらため》中や山之口曖《あつかい》中に指示している。

宝永五年（一七〇八）寺柱番所（三股町）に通達された他国売買禁止物品は、

「刀・塩硝・鉄砲・数奇道具色々・掛物之類・真綿・琉球細布白地縞・同下布白地縞・同紬・同縞芭蕉布・同国芭蕉布品々・同緞・同香合・同香之類・同青貝沈金物之類・同泡盛酒・同草木色々・唐人之墨蹟・唐人之絵・蘇鉄・柘榴の木・楊梅皮・木のこ・きくらげ・うきん・明礬・ほらの貝・やこ貝のから・いたち貝のから・黒つつならびに綱縄の類・馬之尾・檜・葺板・御国白焼茶碗其外焼物品々・錫地かね・鍋并鍋地かね・からかな・大豆・雑穀・小推・粉ぬか」

である。この中で琉球物は芭蕉布、香の類、泡盛、琉球草木など、唐物は墨蹟・絵などである。この禁輸物品は幕末には品数が増えている。

継送りと宰領

他国の者が商売で薩摩領内に来たら、出身地の手形や商売の品、持参している金子など丹念に調べ、特に疑うべきものがなければ番所を通してもよいが、そのとき何月何日に番所を通したことなどを記した付状を渡して鹿児島問屋へ行くように申し渡し、鹿児島問屋へ行かないうちに、領内の諸所に滞在し商売をしていれば直ちに止めさせ、諸所・外城へ順送りで立ち退かせることにしていた。

領内での商売を許されれば滞在日数を決め、その旨を書いた付状を渡し、噯や役人のもとへ行かせるようにしている。噯や役人は問屋からの付状を確認し、当初申請した日数を過ぎていれば追い帰し暫くの間も滞在を許さなかった。鹿児島問屋とは、もともと商品を取り扱う問屋であったが、後にその機能は藩内に入る商人や旅人を管理する役所の機能をもつようになった。

宰領とは、中世以降荷物を運送する人夫に付き添って支配監督する者を言ったが、江戸時代は流人の護送にあたる者も言った。薩摩藩では入国を認めると付状の通り領内を歩くことを監視する者を宰領といった。各外城に宰領という役職があったのか不明だが、薩摩領内を旅した日記に下級郷士や百姓などが村から村へと継送りした様子がみえる。時代によっては宰領をつけないこともあった。

薩摩藩の入国者への対応

薩摩へ入国した者の状況はどうであったか、江戸時代後期に薩摩領内を巡国した人物の日記から番

福嶋（高鍋藩）と志布志（薩摩藩）の境から
4キロ程に夏井番所があった

野田泉光院（宮崎県立図書館蔵）
6年2か月かけて日本全国を廻った

所での扱いや入国後の状況を見てみる。年代によって対応に違いがあることがわかる。

野田泉光院

佐土原安宮寺僧野田泉光院は、文化九年（一八一二）日本九峯修行のたびに出立しているが、九月高鍋領福嶋（串間市）を出立、志布志夏井境目番所から薩摩へ入っている。

「十六日、晴天。高松村立、寅の下刻（朝五時頃）。五丁程（五百五十メートル）行けば高鍋領薩州領堺杭あり、薩州夏井と云ふへ一里、番所往来手形出す。又琉球、唐物買取る間敷証文一通印形して出す。又番所より出る書付は、鹿児島町九州問屋方宛に二通、荷物付け、人相書等、余国の者に候へば宰領一人宛付添ひ鹿児島迄送り付ける事也。され共、吾々共は佐土原手形故に勝手次第に通行せり」（『日本九峯修行日記』）

夏井での入国手続きは他国の者と同様であったが、泉光院らが薩摩支藩佐土原の手形を持っていたことから宰領は付けず領内自由廻国を認めている。

安井滄洲

幕末の儒学者安井息軒の父・儒学者安井滄洲が、文政三年（一八二〇）八月、霧島の温泉入浴と鹿児島見聞を目的に子弟二人を伴って薩摩を旅し、行く先々の風景や感じたことを漢詩や歌に詠む紀行日記を残している。清武を立ち高岡（宮崎市）を過ぎ紙屋（小林市野尻町）で番所を通っている。当然、一行はこれまで見てきたような扱いを受けたのであろうが、それについては直接には触れず和歌に皮肉って詠んでいる。

「紙屋の関守に紙を贈りて、
千早振るかみ屋の関を守る人に、紙をおくりて仏とぞなす　史稽
しら川によみ声似たるしら紙を、おくるせきにも秋風ぞ吹く　滄洲」（『温泉記』）

紙屋境目番所跡（旧野尻町）

滄洲らは荷物検閲の際、番所役人が滄洲の持参していた和紙に関心をもったことに気付きその一部をやった。そのことで取扱いが仏のように一変したことを詠んだのである。薩摩藩は自給自足の経済政策をとっていたので、食糧や生活物資は慢性的に不足、関所で記録する和紙も不足がちであったのだと思われる。

滄洲一行は当初の旅程を済ませ、都城から高城を経て高岡去川の番所で出国の手続きをする。

「去川の関にて

関守の面ふくれけり秋の風」（『温泉記』）

薩摩への出入国は境目番所で行わなくてならなかったのであるが、旅人に対して役人は仏頂面していたことが分かる。

薩摩の役人にしてみれば、宝永五年（一七〇八）に出された「他国の牢人風の者が領内通行を申し出た場合は、その訳を詳しく聞き取り道中は案内者をつけること。また、薩摩入国理由に疑いがある場合は入国を許可しないこと。どうしても入りたいと言えば、噯所へ申し出、早々に鹿児島へ申し指図を受けること」（『古今山之口記録』）という触れを遵守しなければならなかったのである。

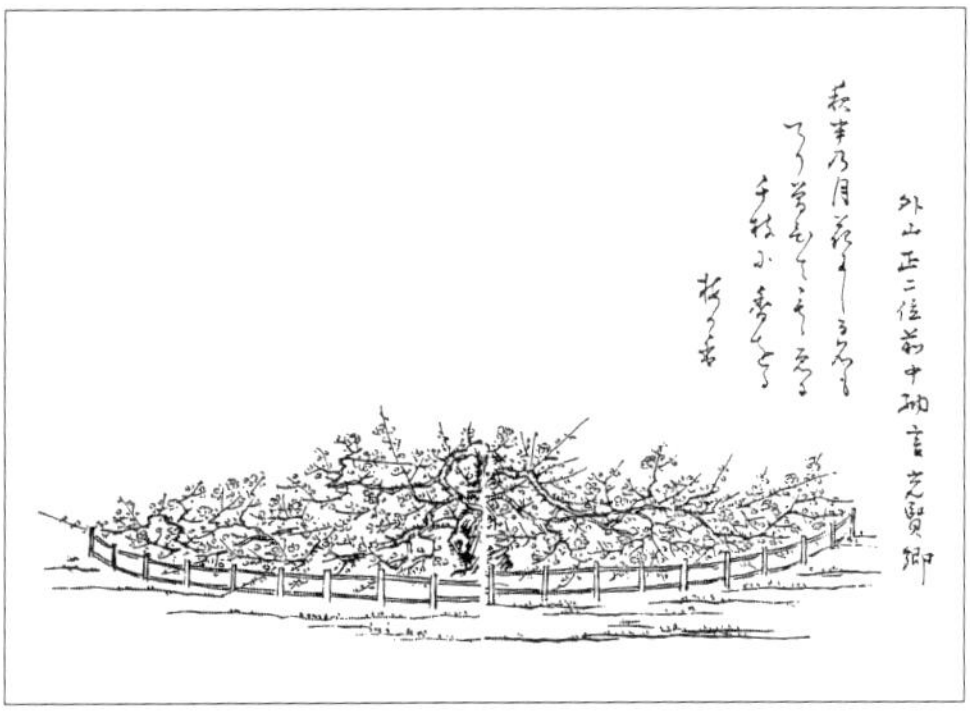
松浦武四郎が描いた月知梅（『西海雑志』）

去川の関定番は代々二見休右衛門家が勤め、七七石（高禄）を給されている。二見家は元もと日州伊東家家臣であった（『宮崎県の地名』『高岡町史』）が、重要な関守に仇敵であった伊東家所縁の者を登用している。二見家は過分な扱い名誉なことと考え、島津側は想定以上の働きを期待しての登用であった。

松浦武四郎

天保八年（一八三七）に伊勢国の探検家松浦武四郎が薩摩藩に入っている。藩内を廻り夏井番所（志布志市）から出て、再び高岡（宮崎市）に来た時の日記に薩摩藩入国の状況が記してある。

「薩摩侯の領内は国法が厳重で、余この辺（高岡月知梅）へ立入るときも、夏井口の番所で往来手形を改め、荷物や路銀など微細に帳面に記し、行く先々まで委細に聞きとめ、入国時に申請した見物場所以外は一切横道へ立入る事を許さない。また、役人立会いでなくては琉球諸品物を買わないという証文を書かせ、爪印（爪先に墨・印肉をつけ押印する）を取り、人相書を添えた宿々送り手形を持たせ、番所からは宰領を付け問屋まで送り届けた。駅《しゅく》の問屋で手形を書き添え、行く先々の郷士宰領に守り送られ、薩摩藩内で珍しいことや旧跡について数多く聞いたのだが、入国時証文を書くとき申請した個所以外は一切見物を許さず、それらを尋ねる事ができなかった。甚だ残念の至り。」（『松浦武四郎紀行集』）

平部嶠南

天保十二年（一八四一）二月、飫肥藩士平部嶠南が二十七歳のとき、藩主に百日の暇を乞い九州各地に旅立っている。単なる物見遊山ではなく九州各地の知識人や文人を訪ねて話を聴き互いに討論し、さらに各藩の庶民生活や藩政を見分する旅であった。後に嶠南は藩校振徳堂教授さらに家老になるが、若いときから見識を広める努力をしそれが後に開花していることが窺える。以下、嶠南の『六郷荘日記』より詳しくみていこう。

十五日、城下から藩境の牛之峠を越えて寺柱（三股町）番所に着く。寺柱は薩摩藩内九か所にある境目番所の一つ、薩摩領内へは境目番所からでないと入れなかった。番所では役人が行李や路銀を調べるが、ことば厳しく問い詰めたことが文中から読み取れる。しかもこれから行く先々の駅毎に案内者

平部嶠南（『日向地誌』）

（宰領）を付け、勝手に歩くことを許さないと言われ、夜になって都城の町に着いている。

翌日、朝早く起きて案内者が来るのを待つが来ない。漸く昼になって来たので出立するが、福山の牧（鹿児島県）から日が暮れ、福山の町に着いたときは初更（午後八時頃）であった。このように案内者が来るのが遅れるのは度々あったようで、二十八日、吉松（鹿児島県）を発って加久藤（宮崎県）に向かうが、案内者が駅毎に替わりしかも遅れて来たので、終日歩いたにもかかわらず僅か三里しか進めなかった。当時、一日の移動距離は九～十里（約三十五～三十九キロ）であったので、三分の一も歩けなかったことになる。

さらに、溝辺から吉松へ向かっている途中、案内人が賃銭を要求してきた。たまたま同行していた増智坊という僧が怒って、「自分は数年鹿児島に来ているが案内人に賃銭を与えたことはない。まして案内は我等から頼んだものではなく、領主より命ぜられた案内であれば私的に賃銭を与えることはできない。それでも強いて支払えというのであれば、鹿児島に伝えその指図を受けた上で支払おう」と言ったら、口を閉じて二度と言わなかった。案内は無料であったが、この案内人のように初めて薩摩領内を通行する旅人と判断すると、銭をせびる不届きな者もいたのである。

「二十九日、学頭（加久藤）の関を出ければ球磨領にて案内者も付かざれば、初めて籠鳥の籠を出でし心地にて旅情忽《たちま》ち豁然《かつぜん》たり」（『六鄰荘日記』）と書いている。十五日薩摩領に入ってから二十九日まで十六日間常に監視されており、球磨領（熊本県）でやっとその圧迫感から解放されたのである。加久藤の関は求麻口と呼ばれ薩摩藩から球磨へ出る境目番所であった。

松浦武四郎も平部嶠南同様薩摩入国に当たって、荷物や持参している金子を調べられている。これは領外持出禁止物品の点検と所持金は使用目的の詮索と思われ、申告した内容と所持金額が合わないと厳しく詮議されたのだろう。

武四郎と嶠南が閉口したのは所持品や所持金の検閲ではなく、入国時に申請したとおりの藩内通行と、不審な行動確認の監視人を付けられたことである。嶠南が鹿児島の知識人宅へ夜招待されるが、宿屋主人はそこへも同行し隣室で話を聞き取っている。

文化・文政の野田泉光院と安井滄洲の入出国と比べると、天保時代の武四郎と嶠南の二人への対応は厳しくなっていることがわかる。

五　境目と辺路――二つの番所

境目番所と辺路番所

薩摩藩には境目番所と辺路番所がありその機能は異なっていた。藩への出入国は必ず境目番所を通り、辺路番所は藩境に設置され不穏な者の入国、薩摩領民の出奔・欠落《かけおち》（逃亡）を監視した。

境目番所は出水の野間原、大口の小川内、志布志の八郎ヶ野と夏井（以上鹿児島県）、加久藤の求麻口、野尻の紙屋、高岡の去川、都城の梶山と寺柱（以上宮崎県）の九か所に設置されていた。辺路番所は薩摩領内に百か所前後設置されていたようだが、宮崎県内の辺路番所を確認できた段階で示すと、

加久藤――徳満
飯野――大河平
須木――堂屋敷・八重尾・田代ヶ八重・柚薗・須志原・岩前・七ツ山
野尻――市之瀬
高岡――野崎・上畑・綾広沢・法華嶽・籾木・八代・浦之名・田之原
穆佐――内之八重
高城――岩屋ヶ野

図1　薩摩藩（都城）・飫肥藩・高鍋領（福嶋）の関所・番所

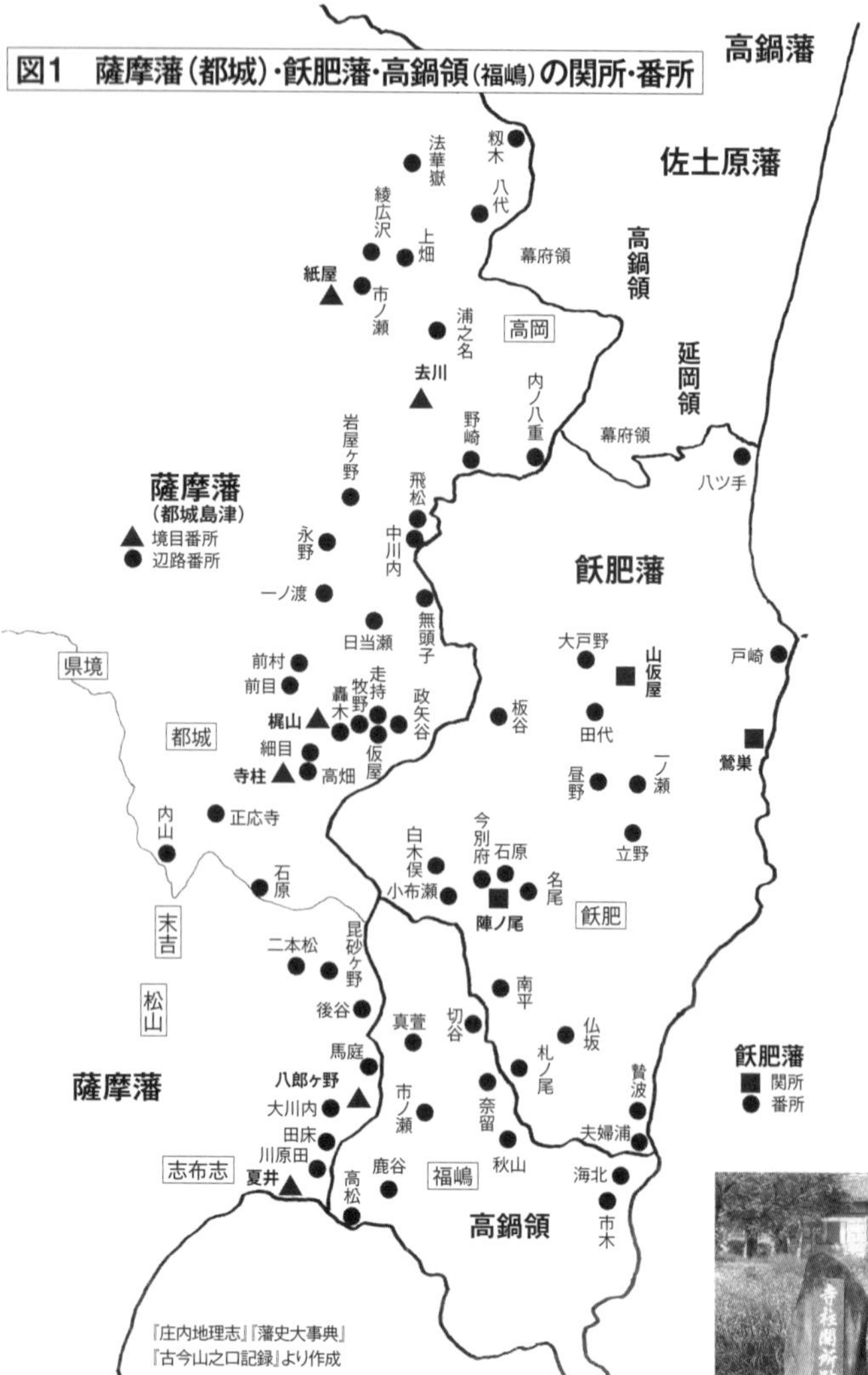

※薩摩藩の境目番所・辺路番所は飫肥藩境と高鍋藩福嶋境に集中した

寺柱境目番所跡
（三股町）

山之口――一ノ渡・日当瀬・飛松・中川内・無（六）頭子・永野・餅ヶ瀬戸・吉野元・宇名目・山神平・天神川原

都城――石原・細目・大峯川内・内山・正応寺口・小鷺巣・中野・杉木水流・前村・諏訪口・野首・福留・轟木・天木野・牧野・高野・秋丸・仮屋・温川・走持・大野・政矢谷・平山

勝岡――高畑・大谷口・蕨

の五十七か所である。

飫肥藩と境を接する番所は人吉藩に接する番所に比べて圧倒的に多い。三股町や山之口町（都城市）には寺柱境目番所、梶山境目番所、高岡町（宮崎市）には去川境目番所を配した。寺柱境目番所は薩摩と飫肥の領境争いがあった牛ノ峠へ至る往還があり飫肥と都城を最短で結ぶ。梶山境目番所は現在県道三十三号都城北郷線が通り、梶山から板谷・立野（日南市）を経て飫肥に至る。これも重要な地点である。梶山から北郷へ向かって轟木・牧野・走持・仮屋・政矢谷と各集落に辺路番所が設置されていた。

また山之口からは青井岳を経て田野へ通じる鹿児島街道があり、一ノ渡・日当瀬・中川内・飛松・無（六）頭子などに辺路番所が設置されていた。田野方面から入国する者を審査する境目番所が山之口にはないが、境目番所と同等の役割・機能と人員配置（八人）をした一ノ渡（山之口番所）が六十田（都城市山之口町）に設置されていた。さらに田野と薩摩領高岡と境を接する野崎や内ノ八重（宮崎市高岡町）にも辺路番所が置かれ、蟻の這い出る隙間もない厳重な警備であった。

山之口番所の取締り

都城島津領の山之口番所に出された触れで取締りの状況をみる。

寛文七年（一六六七）七月二十五日、山之口番所に出された掟の写しがあり、「往来人改めは万事念を入れること」と、次のように指示している。

「他国より来た者は往来手形など証文を確認し証文の無い者は追い帰すこと。しかし、親類縁者が身元引き受けである場合は指図をえること。

藩内の者が欠落する場合は捕えて鹿児島へ引き渡すこと。また、医者、順礼（巡礼）或いは行脚の者が来た場合は鹿児島町奉行所へ引き渡すべきこと」（『古今山之口記録』）

不審人物の取締りについては、寛文十一年（一六七二）、評定所から山之口地頭へ文書が届いている。

「あやしき者見逢い候は僉議《せんぎ》致し、不審これ有るに於いては搦め捕らえ、所次にて鹿児島町奉行へ送り届くべし、若し見逃し致し儀脇より顕れるに於いては噯・横目に至り稠しく沙汰に及ぶべき事

右条々堅固に相守り候よう申し付け置かるべくものな

山之口麓武家屋敷（旧山之口町）

り

寛文十一年亥正月二十五日　　　　　評定所

山之口地頭　　　　　　　　　　　　」（『同前』）

宝永五年（一七〇八）三月二十六日付け、蔵人、帯刀、市正、中務、大蔵五人の連名で山之口番所へ出した文書では、山之口番所は他領（飫肥藩）に近く、その重要性が高く設置されている番所であるから、昼夜を分けず特に念を入れて取り締まることを指示している。

その中で、切支丹宗門について、「公儀御仕置きについて、毎度仰せ渡され趣堅固に相守るべし、（略）万一他方より紛らわ敷き者忍び入る儀もこれ有るべく候条入念」にすること、かつまた「一向宗の儀は御家御禁止の事候、右宗旨の者も紛れ入る儀これ有るべく候、または御領内の者も、密々一向宗に帰依致し候心入りの者もこれ有るべく候条、平日気を付け、慥なる儀承らず届け候とも、不審に存じ候者これ有るに於いては、用捨なく申し出べく候事」と、切支丹信徒だけでなく一向宗門徒にも言及している。

一向宗については藩主島津家が信仰を禁止しているが、信者が紛れて入国することがある、また、領内の者が秘密に一向宗に帰依し信者になっている。それで平素から十分気をつけ不審な者がいたなら、容赦なく鹿児島へ申し出るように指示しているのである。なお、このことは同じ飫肥領に接している梶山番所にも達しておいたことを申し添えている。

都城管理の境目番所・辺路番所については、都城に置かれた中抑が毎年巡回し、地区役人や番人から状況を聴取している。

日向送り

去川境目番所の厳しさを語る、次のような俗謡がある。

〝薩摩去川に御番所が無けりや、連れて行こもの身どもが郷に〟

「是れこの関が、譏察すこぶる峻烈なのを謡つたもので、いやしくも隠密と疑ふべきものは、敢て一歩だも入国することを許さず。若しすでに入国せる者あれば、国外追放の名の下に、藩境に誘ひ出して斬り殺すなど、甚しき制裁を加へ来たので、当時の旅人は、皆番所の門に慴伏して、通行の万一を僥倖した位であった。これの如くであつたがゆえに、多くの怨霊しばしば怪をなしたと、今もこの辺の老人が語る所で、現に番所下流の川端にある一石塔は、惨殺されし六部の怨霊を鎮め、それを迷信の人々が祀るので、常に参詣が絶えぬと云つて居る。」（『宮崎縣史蹟調査』第五輯　東諸県郡之部）

隠密と疑われた六十六部が惨殺され供養塔があるとしている。去川の歴史に詳しい古川重美氏を訪ねた。石塔は確認できなかったが小祠があり花が手向けられていた。今でも関所役人の子孫が祀っているということだった。

言い伝えでは六十六部を関所から対岸へ渡すとき役人が舟上で斬り殺した。すると首が川上へ流れだしこの状況を見た者たちは畏怖し、その後役人等に不吉なことが起こり、六十六部の祟りというこ

去川境目番所跡（旧高岡町）

去川の一門講（旧高岡町）

とで祀ったというものである。これと同様な話は都城辺りに散見でき「一門講」と言っている。

去川の関から外に出すことを「日向送り」というが、日向送りは関外で殺されることを意味していた。役人や集落の二才（若者）等が殺したという。

去川の関所が恐れられたのに僧月照入水がある。幕末、勤皇僧月照は薩摩・長州・水戸などと深い交わりがあり、近衛忠熙などと各藩間の斡旋に乗り出した。京都所司代の探索は厳しく月照に危険が迫った。近衛は西郷隆盛に月照の護衛を依頼したが西郷の身辺も危うくなり鹿児島に帰ることにした。西郷は月照らを日高存龍院に泊まらせ、しばらく匿ってくれるよう頼んだが密告され俵屋で役人の監視下に置かれた。島津斉彬死後、保守派の勢力が強くなり月照を匿うような状況ではなかった。当局は月照を日向の法華岳薬師寺（国富町）に潜伏させるよう西郷に命じた。薩摩藩で日向送りというのは去川の関所を出たところで斬りすてるという慣わしであったので、西郷と月照は抱き合って船上から錦江湾へ身を投じ、西郷は蘇生したが月照は帰らぬ人となった（『鹿児島県大百科事典』）。

飫肥藩士の扱い

宝永五年（一七〇八）の御条にこういう項がある。

「細川越中守様・伊東大和守様・秋月長門守様御事は、近年取分御懇意に候間、右領内の者には、表向き一通りの儀は万端叮嚀《ていねい》に挨拶致し候ように兼ねて申し渡し置き候間、彼の御領の者ども用事について入来候時は成る程懇ろに取り成し、用物等にいたり相応に相達すべく候、尤も表向き一通りは右の通りに候、然りと雖も他所の人へ諸事心遣い致さず候て叶わず事候間、心底は万端相慎み、御領内の御仕置き、その外無益の物語り等、曽てに仕り間敷き事」（『古今山之口記録』）

細川越中守・伊東大和守・秋月長門守とは、薩摩に藩境を接している藩で、それぞれ肥後の細川氏、日向飫肥の伊東氏、日向高鍋の秋月氏を指している。これら諸氏とは過去に戦っているが、江戸期になると幕府の威光や年を経ていることもあり、懇ろというから親しい間柄になっており、それらの家臣が通行するとき表向きは丁寧に挨拶するように日頃から申し渡しているが守れていないようである。

特に飫肥に対しては、中世、都於郡伊東氏と薩摩島津氏とは長年争った仇敵の間、豊臣秀吉の国割りでは皮肉なことにそれまで島津氏領であった飫肥を伊東祐兵に与え、島津氏には伊東氏祖先の地であった佐土原を与えている。伊東氏は陸路による参勤交代では佐土原を通過しなくてはならないが、佐土原側は一里坂で槍ぶすまを作って変事に備えさせたという。

牛の峠論所跡。「従是東飫肥領」の文字

両者の敵対意識を緩和しようとした意図だったのか、慶長十六年（一六一一）島津義弘は二代藩主伊東祐慶を鹿児島に招いている。両者のわだかまりは表面上緩和したが長年続いたしこりは解消するに至らなかった。寛永四年（一六二七）牛の峠で表面化した藩境争いは、幕府裁定で飫肥の言い分が通り牛の峠が藩境に確定した。貞享二年（一六八五）には田野の佐野・八重住民が薩摩領山之口へ逃散している。これについて飫肥では牛の峠境界争いの敗訴に対する腹いせによる薩摩から仕組まれたものとも言われている。

薩摩の飫肥嫌いは両藩家老の話にも出てくる。慶応四年（一八六八）二月平部嶠南が鹿児島で薩摩藩家老桂右衛門（久武）と会談しているとき、

「毎歳元旦慶賀を納るに先ず薩仇を忘る勿れと云って然る後に慶を納ると申す事聞見候御承知成され候哉」「尊藩にて若君御元服の節、大殿様御手ずから御剃刀を加えられ候に、薩摩に弓を挽く歟《か》挽ぬ歟と御尋ね有り、挽くと御答あれば御剃り落とし成され候えども、挽かぬと仰せられ候時は御首を刎ねられ候と申す事を承り候」（「覲府応接始末」）

と桂から訊かれている。これに対して平部嶠南は元旦の事については「全くの虚事」とか、元服の話は「初めて聞いた話、古老の話としても伝えていない」などと答えているが、飫肥では桂が言うよう

なことはあったのであろう。

鹿児島県の三大祭りといわれる祭りに「曽我どんの傘焼き」がある。五穀豊穣とか道徳教育などを祈念して行われる祭りとされているが、この祭りの起源は、薩摩藩において仇敵飫肥に対し敵愾心を助長する行事であった。曽我兄弟は建久四年（一一九三）富士の巻狩りで伊東氏祖工藤祐経を仇討ちしたことで知られる。薩摩郷中教育で稚児や二才に傘焼きを行わせ、飫肥を揶揄見下す感情を育成助長したものと飫肥辺りでは言われている。天保七年（一八三六）には曽我祭りの存在が記録されているということから、平部嶠南は「曽我どんの傘焼き」は知っていたと思われるが、桂に対してこのことを持ち出すことはしていない。

平部嶠南が寺柱番所で、安井滄洲が去川番所で体験したことは前述したが、薩摩藩士の根強い飫肥嫌悪感に基づく感情が表れたのであろう。

欠落（逃亡）取締り

番所は他国人の入国・出国を監視するだけでなく、薩摩領内の者が出国するのも厳しく監視していた。特に庶民が他藩へ逃げ失せる欠落も取り締まり、これに関しては厳重を極めた。

番所勤務について、寛文七年（一六六七）に出された「山之口御関所板御条書写」（『古今山之口記録』）というのがある。主なものを挙げると、

一、往来の人改め申し付け番所の儀候間、万事入念すべき事

一、他国より入来人の証文、慥《たし》に見届け相通すべし、欠落者の儀度々申し渡す如く入念相改むべし、証文無きに於いては則追い帰すべし、縦《たと》い縁者親類受け合いにて差し通したく由申し候わば披露を遂げ指図に任すべき事

一、御国（薩摩藩）の者欠落いたすに於いては、相からめ鹿児島へ引き越すべき事

とあり、藩外から薩摩へ潜入してくる者、藩内から欠落する者の取締りが第一となっている。欠落については度々申し渡しているごとく念をいれて吟味し、往来手形など無い場合は即座に追い帰すこと、欠落した者は搦め捕り鹿児島へ引き渡すことというものである。

宝永五年（一七〇八）の御条書には、「一御番所近辺御領内の者たりといえども、猥に徘徊せしめ候儀堅く停止さすべく候事」とあり、領内の者であっても番所近辺を徘徊せぬよう厳重に禁止している。さらに「欠落者改めの儀、毎々申し渡し候と雖も、過半捕らえず来たり候間、往還の者猶以って入念相改め申すべく候、御番所辺路番所方角の儀、別して入念申すべき候、夜中風雨の節は紛れ通る儀もこれ有るべく候間、怠りなく連々心掛け罷り出べき事」（『古今山之口記録』）というものもあり、辺路番所に対しては夜間とか風雨に紛れて欠落するので念を入れるよう指導しているが、「過半捕らえず来たり」とあるように大部分は藩外への逃亡を見落としていることを認めている。

中に途中で捕らえられることも勿論ある。山之口青井岳（都城市）の天神ダム湖上流に無頭子という集落がある。現在はダム工事で広い道路も通じて開けた感じであるが、江戸期ここは飫肥藩に接する辺境の地で、青井岳を流れる境川が薩摩と飫肥を分け、つまり右岸が飫肥領田野、左岸が薩摩領山之

口であった。現在も山之口町（都城市）と田野町（宮崎市）の境となっている。

天保十四年（一八四三）正月十日、無頭子で伊平次と息子の伊右衛門は、財部郷士松下七蔵と他男女七人が山中を忍び通るのを見た。二人は鉄砲を持って一行を追いかけ、七蔵は刀を抜いて抵抗し逃げ去ったが、他の七人は取り押さえ山之口麓に連行した。この功績で二人は番士に任命されている（『古今山之口記録』）。捕らえられた者たちは山之口番所からは所継で鹿児島へ送られる決まりになっていたので、鹿児島で厳しい取り調べが行われたことが想像できる。

高畑辺路番所跡（三股町）
山を越えると飫肥領であった

田野―山之口麓間には辺路番所が、無頭子、日当瀬、一ノ渡、飛松、中川内に加え、さらに天保五年（一八三四）には吉野元、宇名目、山ノ神平、天神川原にも新たに設置されている。これは、天保元年（一八三〇）薩摩隠れ門徒から多額の上納金が本願寺へ納められることが発覚、同六年の大法難の契機となったのであるが、田野―山之口間の監視強化はこのことと無関係ではない。大法難による飫肥領への欠落を防止する意図があった。

一般に関所とか番所の機能は藩内へ入ってくる人物や物資の管理であるが、薩摩藩では領内からの欠落の者が多く、その大半は捕らえることができなかったと認め、「夜中や風雨に紛れて通るので勤務を怠るな」と指示している。これは松下七蔵ら捕縛の一三五年前のことで、薩摩からの欠落は幕末に限らず古くから恒常的に行われていたことを物語る。欠落とは失踪して行方をくらますことで、江戸時代、庶民に対して適用された。欠落者が出ると所轄役所は欠落人の親類や町村役人などに探索を命じた。発見できない場合は人別帳からはずし、財産は親類・村役が管理した。出奔は徒士以上の者の逃亡を言った。

厳しかった辺路番所勤務

飛松辺路番所定番川野家は、寛永四年（一六二七）川野八右衛門の代に飛松辺路番所定番に召し立てられ、八右衛門の子兵左衛門、その子雅楽と続いた。

天和四年（一六八四）飛松番所定番川野雅楽が山之口曖中へ嘆願書を出している。

「私こと、飛松辺路番所御番を先祖代々勤めて参りました。飛松はご存じのように飫肥領境で飫肥領田野の人家が近く、殊に山続きのため入念な警備が必要な所、そのため山中の見回り藩境の見回り飫肥領情報の収集等仰せ付けられ勤務しております。近年、作物が不作のうえ猿等の被害も多く生活維持のため借金して参りましたが、最早借金のあてもなく返済も叶わず、家内十五人非常に困っています。それで何卒扶持を賜りますようお願い申し上げます」

というものであった。これを受けて、曖役池江儀太夫、同池田舎人、同尾上平内左衛門は地頭最上右近へ文書を出し、川野家は切米五石を毎年支給されることになった。

薩摩藩は、川野家に限らず国境警備の辺路番所役人の多くは無給、居住する周辺を拓き食糧を自給する形の勤務を命じていた。川野家は元々高城（都城市）の田尾木之下という所を領し、飛松辺り四十二か所の鹿倉（狩猟場）の弁済使で、島津豊久・忠国の頃か、都於郡伊東氏が穆佐城を攻めたとき、田尾より甚太ヶ尾筋、飛松・穆佐の山路を案内し島津氏から感謝された家柄であったにもかかわらずである。

同様の悩みは日当瀬番所でもあった。「山中にござ候えば、耕作等毎年不熟仕り身上行き迫り候故、女房など持ち申すこと相叶わず、兄弟ともに一人者にて続き難くござ候」（『古今山之口記録』）と、貧しく嫁ももらえず兄弟とも独身であると訴えている。

山中の平らな土地を拓き、水利のよい所はわずかに水田となし、そうでない所は畑地にして自給するのであるが、瘠せ地であり稔りも少ない上に鳥獣の被害もあり、生活には難渋していた。それに里から離れた山中であることから嫁いでくる女もなく、独身を強いられる者もあったのである。薩摩藩では身分の異なる婚姻は禁止していたことも大きな要因であった。

このような問題は何も山之口に限ったことでなく、梶山の政矢谷・平山・大野・走持などの辺路番所（三股町）、飯野境大河平辺路番所（えびの市）、志布志方面（鹿児島県）の新地・川原

日当瀬辺路番所跡（旧山之口町）

田・昆沙ヶ野・大河内など各辺路番所などにもあった。
「社家寺門前町浜在郷の者どもの娘御法違いながら、願いにより明和五子年（一七六八）より先二十ヶ年づゝ、三度に及び、縁組御免仰せつけ置かれ候ところ年数筈合い（年期切れ）、又々願いにより嘉永元申年（一八四八）より先二十ヶ年、以前の通り御免なされ候こと」（『近世御仕置集成』）
と寺社門前町や漁村の娘との縁組を許可している。

辺路番所役人に隠れ門徒がいた

飫肥と境を接する山之口のほかに梶山や中郷などにも多くの辺路番所を置き、蟻の這い出る隙もないほどの体制を敷いていたが、飫肥藩領へ二千八百四人が逃げ込んで定住していると薩摩密偵の報告がある。薩摩藩の体制から信じられない欠落者数である。長い年月のうちに二千八百もの一向宗門徒が飫肥へ逃亡したのであろうが、何回にも及ぶ触れを出したということは、役人等をいくら叱咤激励、触れで締め付けても欠落が防げなかったことを意味する。

「オイガ叩ッ真似ヲスヂ、ワヤアイタアイタチオラベヨ」（俺が叩くまねをするから、お前はあ痛た、あ痛たと叫べよ）と言った具合に、番所の囲いの中で地面を竹で叩いたとか、夏井番所で福嶋の紺屋へ行く理由にかせ糸を袂に入れていることと、心付けとして天保銭一枚（三千円程度）を包めば通行は簡単であったという（『志布志町誌』）。番所役人にも隠れ門徒がいたのである。

一向宗に帰依していた番所役人が逃亡する門徒を見逃すことはあったのだろう。また、貧困から袖の下を受納することも大いに有り得ること、それが「過半捕え」られなかった実態であろう。

嘉永四年（一八五一）頃『薩摩國諸記』に上級郷士の一向宗門徒がいたことが記してある。

「内場御烟草講に頭治郎右衛門、本名岩本五郎右衛門、法名教弘。この人は登（外）城頭役の家柄に候えども、若年より法義に志、深病身と称し役を断り、御取持成上、先未年（弘化四年か）以来内場三講も絶々に成りおり候ところ、同人心配にて、三講ともに再講と相成り候。法義と申し、人物といい、行状もあっぱれ、諸講の手本とも相成るべき人体に御座候。当年六十二歳にて、身命を際りと同行引立て仕り候」

この岩本五郎右衛門は番所役人ではないが、外城頭役の家柄で内場烟草講の講頭として活動している。一向宗門徒は百姓や下級郷士だけでなく岩本五郎右衛門のような者もいたのである。

薩摩藩は真宗（一向宗）禁制であったので真宗寺院は無かった。しかし、一向宗門徒は講を結成、隠れ念仏として信仰を維持した。これら隠れ念仏講と本願寺との間には交流があり、それらに関する記録が『薩摩國諸記』として残っている。

薩摩藩に設置されていた境目番所と辺路番所は、役所として十分機能していたかどうか不明であるが明治五年（一八七二）まで存在していたのである。真幸の穴水、内小野、山之口各辺路番所、須木の柚薗、田代ヶ八重、堂屋敷、八重尾の各辺路番所、飯野の二ツ石辺路番所、野尻の紙屋境目番所、市ノ瀬辺路番所が同五年小林郡治所へ廃止を願い出ている（『都城市史史料編近現代1』）。

第二章　一向宗禁制と六十六部

――本願寺僧侶の活躍と取締り強化――

一　六十六部と廻国供養塔

六十六部

江戸時代、六十六部と呼ばれる多くの修行者が諸国を横行していた。古くは日本廻国大乗妙典六十六部聖といい、江戸時代には六十六部または六部と略称された。法華経（大乗妙典）を六十六部書写し、全国を巡って六十六か所の一ノ宮・国分寺などに奉納する廻国の修行者である。

六十六部（『日本風俗図会』）

その源は奈良から平安時代にかけての法華経の法力による滅罪信仰で、法華経書写と読誦をしながら山岳修行や全国六十六か国を巡る苦行とによって功徳を得ようとしたものであった。しかし、江戸時代になると信心で廻国するというよりは、他人を殺《あや》めたとか不治の病のために村に居られない者が廻国する例も多く、廻国途中に行き倒れることもあった。そして、死ぬときに頭痛や瘡を治すという誓願を立てるなど、流行り神的性格を帯び、また旅先で信者ができ庵や堂に住みつき、祈禱や予言をこととして身を過ごす者もいた。そのとき信者によって建てられた「日月清明・五穀豊穣・大乗妙典六十六部廻国供養塔」なる石碑が各地に見ることができる。

宮崎県内では諸国から延べ百八十九人が訪れ、廻国中供養塔とか廻国満願供養塔、石橋石階建設供養塔、行き倒れ供養塔など七十七基の石塔建立を確認している。

廻国満願供養塔（源藤）
越後又右衛門建立

廻国満願供養塔（小松）
紀州弥治兵衛建立

廻国満願供養塔

全国六十六か国を巡り日向国で満願になった廻国満願供養塔がある。宮崎市内とその周辺に残る供養塔をみていこう。

嘉永五年（一八五二）越後の六部又右衛門が源藤に満願供養塔を建立している。一国一部の書写納経が源藤最勝寺で満願になったものである。嘉永七年には紀州六部弥治兵衛が小松に建立している。この弥治兵衛は又右衛門が供養塔を建立したとき脇願主になっており、又右衛門は弥治兵衛の建立時には助力として名を残している。又右衛門と弥治兵衛は互いに知り合いだったのである。

天林寺にある廻国満願供養塔（宮崎市）　願主大宝院義空は新別府の修験者

二人は諸国を廻国してきて日向で満願になったのであるが、日向国の六部が六十六か国を巡って満願となった供養塔もある。新別府の真言宗天林寺境内に近くの修験大宝院義空が享保元年（一七一六）に建立している。義空の子孫は終戦後しばらくまで頼まれれば祈祷などしていたという。

また、雀塚に寛政十年（一七九八）井崎甚吉が建てた供養塔があった。文化十三年（一八一六）佐土原藩安宮寺僧野田泉光院が日本九峯修行で米沢（山形県）の近く成田というところを廻国中、この甚吉が世話になったという染屋金六という家を知り、泉光院が訪ねると甚吉と同じ佐土原の廻国者ということで親しみを感じたのか泉光院を泊めている。この他に本庄（国富町）の行者秀悦坊、金崎の唯法円心などが地元に満願供養塔を建てている。

行き倒れ供養塔

天保九年（一八三八）坪谷（日向市東郷町）で讃岐の六部芳之助の息子吉三郎が死んだ供養塔がある。多くの六部が供養塔建立に携わっているが、その中に女の六部が二人おり、一人に「讃岐いく」という名が見られる。この「いく」は芳之助の妻、吉三郎の母親であろう。

子どもの行き倒れ供養塔は船引（宮崎市清武町）にもある。伊勢の六部清蔵とイロの娘で、子どもの

行き倒れ供養塔（旧清武町）伊勢清蔵の建立

石橋架橋供養塔（宮崎市）大坂久右衛門建立

死に際し船引の村人に世話になったのであろう、清蔵は翌年の寛政十二年（一八〇〇）に青面金剛の石像を地区に奉納している。当時、夫婦連れの六部は珍しくなく、越後の又右衛門には尼サノ、伊勢の弥治兵衛には尼政江がいる。

石橋石階建設供養塔

廻国中世話になった村人のために石橋架橋や階段建設を記したものもある。一般に六十六部は家々を物乞いして歩く虚無僧とか鉦叩きなどと同類とみられ、乞食僧、胡乱《うろん》なる者として為政者側から疎んじられる者であるが、それが石橋架橋などをしているのである。

熊野（宮崎市）に文化十年（一八一三）大坂の六部久右衛門が石橋供養塔を建立、東西合わせて六十六か国の廻国が日向国で満願になったことから、熊野の住民の要望で架橋したものと推察する。文化十一年には江戸の浄戒という六部が仮屋原（国富町）に、建立年が欠損して不明だが古城持田（宮崎市）に豊州の六部新平が石橋を架けている。

石橋のほかに石段を建設している六十六部もいる。寛保三年（一七四三）に長嶺神社（宮崎市）に伊豆の六部が、文化十二年（一八一五）には蓮ヶ池（同）に長州の六部が石段を建設している。また、磐戸神社（同）に石塀、景清廟（同）に石燈籠を奉納した六部もいる。

和泉（大阪府）の鏡誉円心という六部は享保五年（一七二〇）日向国分寺（西都市）を中興開山しているし、伊予の行者泰岳は天明五年（一七八五）満願寺（宮崎市）の山門を建設、文政二年（一八一九）には江戸の六部が朝倉寺観音堂（同）建設に関わっている。

廻国中供養塔

全国六十六か国廻国途中に供養塔を建立したもので、建立塔の中で最も多い。宮崎市本郷南方に供養塔を残している阿波の邦五郎という六部、塔建立に当たって庄屋など村役人も立ち会っていることから、もしかすると祈禱などに長け《た》信者ができたのかもしれない。

日向国分寺中興碑（西都市）
六部鏡誉円心が中興した

廻国供養塔（宮崎市）霧島寺跡にある石碑に鏡誉円心の名がある

六部の中には複数の供養塔に名を残している者がいる。越後の六部又右衛門や紀州の六部弥治兵衛などで、又右衛門は彼が嘉永五年（一八五二）に建立した供養塔に三年間源藤にいたことを書いており、同七年の弥治兵衛の供養塔に名を連ねていることから、少なくとも五年間は宮崎に滞在していたことが分かる。弥治兵衛は三年間は滞在したと思われる。

和泉（大阪府）の鏡誉円心は享保四年（一七一九）小松（宮崎市）に供養塔を建立、翌年には日向国分寺を中興開山している。同七年に国分寺本堂と薬師堂を竣工させ、同十三年には仁王造立に立ち会っていることから、九年間は宮崎や国分（西都市）にいたことになる。このように数年間から五、六年、それ以上滞在した六部は多数いた。

廻国供養塔分布

宮崎県内で確認している廻国供養塔を地域別に示すと高千穂町五基、日之影町一基、旧北川町一基、旧北浦町二基、旧西郷村一基、旧東郷町二基、門川町一基、新富町一基、西都市二基、国富町十六基、旧高岡町一基、旧清武町三基、旧宮崎市四十基、串間市三基で、都城市や小林市などでは確認できない。

これを旧藩別にみてみると延岡藩四十一基、高鍋藩五基、佐土原藩二基、飫肥藩三基、幕府領二十六基、薩摩藩二基、これらの所在地を委しくみると、延岡藩四十一基のうち飛び地宮崎が二十九基、他は高千穂や城下から離れた地域で、城下であった旧延岡市では確認できない。次に多いのが幕府領で二十六基、そのうち本庄（国富町）が十五基、船引（清武町）三基、坪谷（東郷町）一基、穂北（西都市）

図２　宮崎市周辺の六十六部廻国供養塔
幕府領と延岡藩飛び地に集中している

二基、新別府（宮崎市）辺り四基、本郷南方（宮崎市）一基で、富高代官所があった日向市では確認できない。高鍋藩も飛び地である福嶋（串間市）三基と金崎（宮崎市）二基で、城下（高鍋町）では見られない。

日向国各藩の城下であった延岡や高鍋、飫肥では廻国供養塔を確認できないのは、治政が行き届いている城下では六十六部などの長逗留は難しかったと思われる。

それにしても、都城・小林辺りに廻国供養塔がないのは何故だろうか。これら諸県地方は薩摩藩であったが、同藩は六十六部に対し何らかの制限をしていたのではないか、さらに次にふれる六部殺し伝承も絡んで、禁制であった一向宗との関連を考えるようになった。

六部殺し伝承

薩摩藩は他国者の入国を厳しく制限していた。それを物語る去川関所での六十六部扱いが『宮崎縣史蹟調査』にある。

「今も此の邊の老人が語る所で、現に番所下流の川端にある一石塔は、惨殺されし六十六部の怨霊を鎮め、それを迷信の人々が祀るので、常に参詣が絶えぬと云って居る。」

斬殺された六部を祀る石塔が関所の下流にあり、昭和初期までは怨霊を鎮めるために多くが参拝していたことが分かる。去川を訪ねると畑地の一隅に祠があり、そこに六部の霊を慰める石と伝えられるものがあった。昔、役人が関外へ出す六部を渡船上で斬ったら頭が川上に流れたことから、役人らは怨霊を恐れ六部の鎮魂を願い祀ったというものであった。祠には訪ねた日も新しい柴が関守だった子孫によって供えられていた。

去川の渡し（旧高岡町）　川を渡る時、渡った後、殺されたと伝える

また、都城市及び周辺に「一門講」という六部殺しに関係する講が十数か所存在する。釣りをしているところに六部が川を渡って来たとか、六部が太刀を跨いだ、御堂に泊まっていた、戦に行ったが終わっていたなど、些細な理由で殺害したもので、遺骸を川に捨てると、講によって異なるが遺体とか頭部、血が上流へ流れて殺害者を畏怖させ、さらに怨霊が加害者一族に祟り、狂死・行き倒れ、悪病罹患、怪我、火災

一門講石塔（都城市） 殺した六部の霊を今も祀る

等が次々に起こるという恐ろしいもので、その鎮魂や供養を一族で毎年定期的に行う行事である（『みやざき民俗50号』）。

一門講のように些細な理由で六部や順礼を殺し、その祟りを恐れて墓石を建てて祀った 巡礼墓というのが鹿児島県内各所にある。牧園町と霧島町の間にある聖原という所では、六部が歩いていると子供が六部の鈴を欲しがったが六部はやらなかった。すると大人まで出てきて争いとなり六部は殺された。後に高野山の高僧と知れ、墓を作り神社に祀ったという。薩摩町永野では、医者が山伏を殺したところ不幸が続いたので石仏を建てて祀った、財部町古井には、親子の六部が留守宅に入ったので殺し石塔を建てた、市来町のみつが瀬は殺された六部が亡霊となって宿の妻みつを引き入れた瀬、等々の伝説である。

以下、薩摩藩の六十六部廻国修行者への対応をみていくが、その前に、対比の意味も含めて、日向諸藩の対応をみておこう。

二　日向諸藩における六十六部への対応

延岡藩

延岡藩は旅人の通行や宿泊について届けるよう通達を出している。文化十五年（一八一八）の「延岡藩在方法度覚」（『宮崎県史史料編近世3』）では旅人が一宿を希望する場合、村役人に断って泊めさせることと、逗留する場合は村役人へ逗留願いを出し許可を得てから逗留させることとあり、嘉永元年の「黒木村村法書上帳扣」（『宮崎県史史料編近世3』）には、旅人がやむを得ない事情で三日を過ぎる逗留をする場合は、来た理由を聞き人柄を見極めて泊める家を申し付けること、病気や怪我などで逗留する場合はそれまでの達しや指図に従って泊めることとある。

元文元年（一七三六）、延岡藩家代村（諸塚村）の五人組手形前書（『宮崎県史史料編近世3』）には、次のような触れがある。

「往還の町は申すに及ばず、在々とも旅人大切にいたすべく候、途中において人馬煩い候時は、庄屋百姓立ち合い、助抱いたすべく候、煩い重き候はば、御役所へ早速御注進申し上ぐべき候、若し相果て候はば、早速御下知を得て、その上庄屋百姓立ち合い、その者の道具改め、封を付置き申すべき旨畏み奉り候事」

これは「延岡藩在方法度覚」が出される八十年くらい前の触れである。往還沿いの町のものは言うに及ばず村々でも、旅人が病気で煩ったら介抱すること、若し死亡したら役所の指示を受けて、庄屋や百姓立会いの上で持ち物を検査封印しておき、お上の指示を受けることというものである。

高鍋藩

高鍋藩も延岡藩と似たような旅人無断泊禁止の触れ（『宮崎県史料第二巻高鍋藩拾遺本藩実録』）を出している。

「正徳二年（一七一二）二月

一、二十一日旅人往還筋二夜泊り候はば、町奉行ならびにその所役人へ相断るべし、無断におよぶ二夜候はば御法相背きにつき急度仰せ付けらるべし、往還筋の外鉢たたき等立宿いたさせ間敷き事」

旅人が往還筋に二夜泊るときは町奉行ならびにその所役人へその旨断ること、もし無断で二夜宿泊させた場合は、法に背いたということで処罰を申し付ける、家の前で鉦をたたき経文など唱えて、銭を乞い歩く乞食僧などは泊めてはならない、というものである。旅の途中で一宿することは通常のことであるが、二泊するということは病気か商いか何か理由があると思われ、藩としてもその辺を把握しておかなくてならなかったのであろう。

享保十五年（一七三〇）七月の『高鍋藩拾遺本藩実録』には次のような記載がある。

「八日、長門国六部僧一人高城にて相煩い竹こしに載せ宿送り立て候、病人送り遣わし候義、無慈悲の致し方につき病気介抱候よう仰せ出され候ところ、既に送り立て黒岩の庄屋受取り送継ぎ、豊後国浜脇と申す所庄屋受取らず又々送り帰し美々津へ来る、これにより高城へ送り届け、彼の所にて養生くれ候よう申し達す」

長門国（山口県）の六部僧一人が高城（木城町）で病気になったので、竹で拵えた手製の輿に乗せて宿送りしたが、それは無慈悲の仕方であるので、病気介抱をするようにいわれた。しかし、すでに黒岩の庄屋が受け取りさらに豊後国（大分県）浜脇へ継送りした。浜脇の庄屋は受取らずまた送り返して美々津（日向市）へ来た。それで高城へ送り返しそこで養生するよう申し達した。

延享四年（一七四七）七月には次のような記録がある（『同』）。

「八日、六十六部坂本へ罷りあり、是まで庄屋賄い今日より十日過ぎ候えば御賄い下され候こと」

病気になった六部を庄屋が看ていたが、十日を過ぎるようであれば賄い料を藩が出すというものである。

寛延元年（一七四八）八月の『高鍋藩本藩実録』には次のような記述もある。

「二十日、回国六部両人椎木街道にて盗賊かかり疵つき逃げ去り候につき、六部は上より養生下さる也」

二人の六部が椎木街道（木城町）で盗賊に襲われて怪我をした。盗賊は逃げたので六部は藩より養生されたというもの。

以上、高鍋藩も旅人を二泊させる場合は町奉行やその所の役人の許可を得ること、無断で二泊させた場合は処罰するという決まりであり、領内で行き倒れれば庄屋に養生を命じ、盗賊に襲われて怪我すれば藩で面倒をみている。

佐土原藩

佐土原藩では廻国者や巡拝者、旅人などどう対処していたか文書を見出せないが、おそらく他の藩と同じであったと推察する。宝永七年（一七一〇）の取り扱いを紹介する。

「宝永七年八月五日、宗門奉行飯田慶兵衛より申し出候は、高月院寺内地蔵堂へ信州之六十六部病気につき罷り有り候由、高月院より申し出これあり候由、申し出これにより御法の通り見分申し付けられ、上田島の庄屋方へ申し付け介抱これあり養生申し付くべき由申し建す」

高月院（藩主菩提寺）の地蔵堂で信州（長野県）の六部が病気になったという申し出が高月院からあった。法のとおり検分して上田島の庄屋へ介抱養生を申し付けたというものである（『宮崎県史料第七巻佐土原藩嶋津家日記三』）。

以上、六十六部に対して日向諸藩は表向き病気や怪我以外は滞在を認めていないが、行き倒れたり病気になったりした場合は養生している。こうした日向諸藩での六十六部に対する対応は後にみる薩摩藩の対応とは大きな違いをみせているのだが、そのことを検証する前に、特異な事例として、佐土原藩でおこった六部殺し事件をみておこう。

六部殺しと佐土原藩――庄三郎廻国供養塔

西都市黒生野の農道脇に、「俗名庄三郎」を祀る廻国供養塔が立っている。供養塔は宮崎県内によく見られる形で、正面に「奉納大乗妙典六十六部日本廻国供養塔□、天下泰平、国土安穏、五穀成就、郡内安全」、左面に「武州江戸神田紺屋町二丁目、俗名庄三郎、行年□□」右面に「勅特賜、東泉五世仙長叟誌、維時文政二己卯天□□月十五日建之、江戸浅艸、□□□□幸次郎」とある。

六部庄三郎供養塔（西都市）
幕府領に死体を遺棄したことで事が大きくなった

庄三郎は江戸神田紺屋町の者で、文政二年（一八一九）に江戸浅草の幸次郎という人物がこの供養塔を建立している。供養塔の側面や台石には、江戸や武州、三河・上野・下野・阿波・肥前など六部二十人が世話人として名を連ね、庄屋や年寄・百姓代・触など村役七人、石材運搬には黒生野・四日市・岡富・現王島の若者も参加している。供養導師は黒生野曹洞宗東泉寺五世仙長であること等が分かる。

大がかりな供養塔建立である。この背景にはどういうことがあるのか。

天保十二年（一八四一）閏一月二十一日、長崎奉行から佐土原藩へ文書が届いている。用件の一つに廻国修行者庄三郎殴打死の処分についての問い合わせである。


「切り紙を以って啓上致し候、然らば御領分鹿野田村畩市義に付き、播磨守よりの奉書一通差進候、此段御意を得べく旨斯くのごとく申付けられ候、以上

閏正月七日　敷山儀助
神崎保輔

嶋津又之進（忠寛）様
御用人中様

日向国児湯郡鹿野田村　畩市

此もの義、村内勘兵衛方へ廻国修行者庄三郎罷り越し、互いに打合い手疵負わせ候旨勘兵衛申し聞き候とて、同村千左衛門義庄三郎を打擲に及び候様子見請け、千左衛門両人にて縄を以って手を縛り、村内のもの共一同村内へ連れ越し、修行者同行のものへ掛け合い候旨承り候にて、聢と引渡しも致さず程隔て候場所へ差置き罷り帰り、既に庄三郎儀所々手疵を負い罷りあり右疵にて相果て候に付き、文政元寅年（一八一八）居村払い相成り候、右のもの先年御仕置き相成り候ところ、若君様御弘御祝儀御赦に付き、この度御免仰せ出され候に付き、その旨申渡し候間、居所

相尋ね早々当御役所へ差出さるべく候、尤も当時行衛相知れず候か、または死失等いたし候はば、親類身寄りの者の内一人所役人相添え差出すべく候　丑閏正月」

（『宮崎県史料第八巻佐土原藩嶋津家日記四』）

というものであった。

事件は長崎奉行から文書が来る二十五年前、文化十三年（一八一六）十月九日、佐土原藩内鹿野田村（西都市）で起き、なぶり殺しにされ虫の息であった六十六部庄三郎を隣村黒生野村（西都市）境へ捨てたというものである。黒生野は穂北十カ村の一村で延岡領であったが、元禄五年（一六九二）幕府領となり、一時また延岡藩（牧野氏）領となるが、寛保三年（一七四三）再び幕府領となり幕末に至る。

庄三郎死亡を佐土原藩内で処理していれば、六十六部や廻国者の扱いは宗藩薩摩藩と同じであったと推察できるが、黒生野へ捨てたことから幕府領内での殺人事件として長崎奉行が関わってくることになった。

庄三郎供養塔建立主旨文に長崎代官などの刻字があるのを手がかりに、長崎奉行所犯科帳を調査された田村正留氏の『六十六部日本廻国供養塔の考察』で概要が明らかになった。

鹿野田の勘兵衛は、廻国六十六部庄三郎が無断で（家屋内か）駈け上がるのを咎めたら、庄三郎が薪を持って打ち掛かってきたので火吹き竹で打ち合い手に疵を負った。それで庄三郎を殴り庭に突き落とし門口で押さえ、無断で上った理由を尋問していたら、そこへ千左衛門が来てさらに殴った。このとき勘兵衛は千左衛門の暴行を止めたという。千左衛門と畋市が庄三郎の両手を縄で縛ったとき、勘兵衛は気分が悪くなりその場を離れたので殴打やその後のことは知らないと証言、さらに千左衛門や村内の者らが庄三郎を村外へ連れ出し、全身の傷で相果てたことは知らないと申し開きをしている。

千左衛門と�市も取り調べられ、それぞれの申し開きは少しずつ違っているが、勘兵衛は入牢中に病死したので処罰は執行されなかった。処分は文政元年（一八一八）に行われた。千左衛門の処罰は入牢その後追放となり、畩市も入牢後居村払の処罰を申し渡された。その他金左衛門など四人に居村払い、金三衛門ほか三人に過料三貫文、鹿野田村庄屋五郎兵衛は事後処理が不届きということで過料五貫文、年寄惣五郎も役向き上の取扱い不適当として過料三貫文を申し渡している（『六十六部日本廻国供養塔の考察』）。

この処分は長崎奉行所が介入し佐土原藩が行ったものであるが、処分から二十三年後の天保十二年（一八四一）一月、長崎奉行所からの通達は、佐土原藩若君祝儀の恩赦で所払になった者たちが帰村しているのではないか、もしそうであれば居所を、行方不明か死亡していればそれらの身よりの者と役人を添えて長崎奉行へ差し出すことを求めたものであった。佐土原藩は同二十三日に次のように動いている。

「長崎表へ向井九米之助遣わされ候に付き、与力同心兼足軽一人差し遣わさる旨、者頭へ申し渡す」

「鹿野田庄屋ならびに組頭一人この節長崎表より畩市御呼出しに付き、差遣わし候旨達し候よう郡奉行へ申し渡す」

「畩市儀先年欠落仕り候旨、右両方より申し出る」

そして同二十四日に次のように対応している。

「長崎奉行所より本鹿野田畋市御呼び出しに付き、御請け明朝立つ飛脚を以って、左の如く差遣わす、御切紙拝見致し候、然らば又之進領分鹿野田畋市儀に付き、播磨守様よりの御奉書の趣拝見仕り畏み奉り候、則、重役共へ申し聞き候、この段各様まで御請け御意を得たく、この如く御座候以上

閏正月二十五日

池上郷左衛門
三嶋権之助
向井九米之助
萩原弾右衛門
加世田友記
新原郡蔵
渋谷杢衛
富田藤吉

神崎保輔様
敷山儀助様」

そして、鹿野田の庄屋ならびに組頭一人、畋市名代の者一人を前条同様郡奉行へ申し渡し、畋市の

親類金六を名代として派遣することにしたというのである（『宮崎県史料第八巻佐土原藩嶋津家日記四』）。

二十五年前の事件に関する処罰が年月を重ねるうちに放置され、所払いになった者が帰村し佐土原藩はそれを黙認しているのではないか、と問い合わせてきているのである。おそらく幕府領穂北からの情報と思われるが、六部殺しに対する藩の軽い認識を長崎奉行所は感じ取っており、処罰が完全に履行されないのではと疑っていたのではないか。それを捨て置かない長崎奉行所の姿勢に驚く。

これ以降の顚末については史料を見出せず不明であるが、幕府（長崎奉行所）からの思ってもみなかった問い合わせに対する佐土原藩の狼狽ぶりが窺えるとともに、六十六部に対する対応が宗藩薩摩とあまり変わらず、六部の死を軽んじていた様子が窺える。

三　薩摩藩における六十六部への対応

寛文十二年「旅人取扱い覚」

廻国六十六部や巡礼者に対する薩摩入国制限がいつから行われたか分からないが、寛文十二年（一六七二）三月、都城役人へ旅人取扱い覚が出されている（『庄内地理志（巻五十三）』）。

「覚

廻国の順礼行脚体の者、今程御領内へ入来候儀停止せしめ候間、その元番所へ入来候者、早速御領内追い払いべき旨、堅固に申し渡さるべく候、若し緩めの儀これあるに於いては、稠しく沙汰に及ぶべくの条その意を得らるべき者也

寛文十二年子三月二十一日

勘解由　印

市正　印（藩家老島津忠広）

都之城役人中

」

廻国順礼や行脚の者が薩摩領内へ入ることを禁止する、番所へ来ても追い払うことを厳しく申し渡し、この決まりを緩める者がいる場合は厳重に評定するというものである。薩摩藩家老名で都城役人へ出されているが、藩内各外城すべてに出されたものであろう。

延宝六年（一六七八）四月にも行脚の者取扱いについての覚が三股の寺柱番所に出されている（『庄内地理志（巻五十三）』）。

「　覚

境目番所近辺に行脚の者徘徊いたす儀、向後に禁止せしめの旨堅く申し渡すべし。聊も緩疎有る間敷き者也

延宝六午四月二日　　　　　　評定所　印

都之城役人中

寺柱番所　　　　　　　　　　　」

境目番所近辺に行脚体の者が徘徊することを禁止することを堅く申し渡し、少しも緩めてはいけないというものである。

次は貞享元年（一六八四）四月に出されたものである。

「他国出家・山伏・医者之類当国へ入来時分、改所より付状にて取次ぎ宰領相付け、宿次に外城より宰領迄にて次書これなし、直に爰元へ差し越す者もこれあり候、尤も次第の外城より次書いたし、宰領相付け者もこれあり、両様いたししかるべからず候。已後は改所より次第宿次ぎの外城へ銘々宛書にて、銘々の外城より次書いたし、その上宰領相付け、爰元へ差し遣わすべく候。尤も往還とも右の通りこれあり候様に、宿次ぎの外城へ引合わすべく候、各心得としてこの如くに候。以上

（貞享元年甲）子四月二十一日　　町奉行所　印

都之城寺柱改所」

他国からの出家・山伏・医者の類が薩摩国へ入ってくるときは、改所（番所）より付状をもって取次ぎ、そして宰領を付けるようになっているが、付状も宰領も付けることもなく、直ちに鹿児島へ来る者がいる。以後は改所より外城へ各自宛書にて、それぞれの外城より次書いたし、その上宰領を付け、爰元へ差し遣わすようにというもので、町奉行所から三股の寺柱番所へ出されたものである。宰領は旅人に付添って行動を監視する者である。

宝永五年の六十六部取扱い

宝永五年（一七〇八）三月二十三日に家老座から諸所噯中、役人中に出された「旅人御領内差通候付て於諸所申付様之覚」という六十六部取扱いは十数目、微に入り細にわたるものである。概要を挙げる（『庄内地理志（巻五十三）』）。

「旅人御領内差通候付て於諸所申付様之覚

一、六十六部経納または札納として寺社参詣で他国から来る行脚の者を入国させるに当たっては、境目番所で参詣する寺社を決めて通すこと。番所では何月何日何時に通したこと、通した理由書をつけ、そしてその書付を旅人に持せ、噯・役人へ行かせること。噯・役人はその書付見届け、着いた時刻を書きつけて旅人へ渡し、それより次の外城と順々に次書（書付）に時刻をつけ、鹿児島問屋へ旅人を行かせること。
一、六十六部に野宿させず同一場所には一宿しかさせないこと。そのために時刻を記入すること。
一、六十六部の参詣所は、庄内高城東霧島・曽於郡霧嶋山・大隅正八幡・鹿児島福昌寺・水引新田宮と決め、それ以外の参詣は堅く禁止、脇道に立ち寄ることも禁止ということで差し通すこと。
一、風雨洪水等で滞在させる場合はその理由を次書に書き記すこと。
一、六十六部は明るいうちに目的地に着くようにすること。次の外城まで行きたいと申し出ても

福昌寺址（鹿児島市） 六十六部参詣の一つ

鹿児島神宮（霧島市） 大隅正八幡と称され、六部の参拝が許可された

霧島東神社（高原町） 藩が指定した寺社以外にも六部は参拝した

その所に着くのが夜にならないかどうか判断して出立させること。

一、旅人問屋へ着いた場合は、問屋でも次書に時刻を記入して行かせること。順路の諸所においても次書を旅人に渡し、滞留しないように申し聞かせ、経納・参詣が済んだら少しも領内に滞まらせず最寄の境目番所より帰国（出国）させること。但し、入国した番所から出国したいと言った場合は入ってきた道筋をその通りに戻すこと。

一、六十六部を気ままに行動させないこと。中途で逗留している場合は参詣希望寺院の参拝が済んでいなくても、留まっている在所から直ちに最寄の境目番所へ行かせること。切支丹信者の疑いがある場合は捕えて長崎御奉行所へ送るなど、旅人を厳しく取り調べ少しも御領内へ滞まらせないことを委しく申し聞かせること。

一、路銀所持状況を番所で見届け、その旨を書付に記すこと。路銀を隠し持つこと、托鉢しながら旅することは禁止であることを申し付けること。

一、順礼・行脚体の者が信心の奇特を申し、町人や百姓などが銀銭・米穀の類を差し出すことを聞いたら、それは不届きなことであるので止めさせること。

一、板行（刊行）の書籍や延喜式に見える日向国庄内高城東霧嶋山や大隅国国分正八幡、大穴持韓国大明神、福山宮浦大明神、薩摩国頴娃開聞、出水加志久利大明神に参詣したいと申し出る者がいた場合は、国所証文や路銀等番所で検分し別条無い場合は差し通してよい。

一、外城一ヶ所に旅人定宿二ヶ所づつを申し付け、堂宮に一宿させること堅く禁止すること。但し、旅人問屋がある外城は旅人宿を定めるに及ばない。
一、定められた旅人宿以外で旅人を宿泊させた者がある場合は、宿主へ科料青銅百疋（三万三千円程度）を申し付ける。程度によっては籠舎（入牢）をも申し付けること。
一、六十六部が参詣寺社に滞留することは堅く禁止し、もし病気と言えばすぐに医者に見せ、病気であれば快気するまで留めること。病気を口実に留まる者が多いということであるから十分気をつけること。
一、地方の役人には右のようなことを知らない者がいるかもしれないが、病気を口実に留まる者を見逃すと処罰を申し付ける。
一、経納、大社参詣、札納順礼、行脚の者は当五月十五日から規則を改め、参詣祈願が済まなくても同二十日まで、少しも延ばすことなくその所より衆中宰領を付け、最寄りの境目番所より出国させること。そのとき旅人どもへ薩摩領内は田畑が少なく米穀が不足し、日頃から国中の者が飢えている、そういうところに数百人の六十六部が托鉢して廻ることは、領内の者にとって迷惑なことであることを言い聞かせること。また、切支丹宗門の疑いがある者を近頃捕え長崎御奉行所へ送った、どのみち藩政の妨げになる旅人は残らず帰国を申し付ることを言い聞かせ、托鉢の旅人は衆中宰領を付けて帰国させること。それでも逗留する者があれば出身地や名前を書きとめ、殴ったりせず丁寧に訳を言い聞かせて留めて置き、鹿児島の指図を得ること。
以上のことを守り、所の役人関係者周知すること。

宝永五年（一七〇八）子三月二十三日

御家老座　印

諸所噯中

役人中

」

ここにある噯《あつかい》とは薩摩藩外城における最高の郡役人のことで、大郷は六～八人、中・小郷は五～二人が任命されて郡の政事・人心などを掌握、外城役場の庶務を分掌した。外城門閥の家柄から任命され、合議制で郡政を決し地頭の指揮を仰いだ。また、旅人問屋はもともと物品の買い付け卸しの業務であったが、荷物預かり所となり旅館業を営むようになり、最終的には旅宿人を管理する機能に変わった。

古河古松軒の天明三年の旅から

ここまでは支配者側の取締りをみたが、入国した六十六部側の記録をみてみる。

古河古松軒は江戸後期の地理学者で、諸国の交通や風俗、物産、史跡など調査していたのであるが、その古河古松軒が天明三年（一七八三）、薩摩に入国しているが、薩摩に入るときは浪人体より六十六部の方が入国しやすいという情報を得て、六部の服装・格好で入っている。彼の日記には次のように記録してある（『近世社会経済叢書（西遊雑記）』）。

「一　覚

一　年五拾歳　　備中下道郡岡田村修行者　古松軒一人

一　笈一つ内に本尊地蔵尊その外何々

右は国所証文路銀持参、水引新田宮・鹿児島福昌寺・国分寺・正八幡・霧島山、六十六部経文奉納のため、昨日当御番所へ入り来候につき相改め、ここ元に一宿致し今日午刻（十二時頃）立たせ罷り越し申し候條、御領分中少しも滞りなく差し通り、経文奉納相済み候えば、その最寄り御番所より油断なく帰国申し付けらるべく候。以上

何月何日　　　　何の何がし印

郷士年寄中え

この書付を止宿せんと思う所にて、年寄（外城役人）宅に差出せば年寄よりもまた左の通りの書付を渡す事なり。

右書付、予旅人の様子をも見届け別条なきにつき、兼て仰せ渡された趣、委しく申し聞かせ一宿致させ、今朝巳刻（午前十時頃）ここ元相立ち御方の様に差遣し申し候、以上

何月何日　　　　何村何がし

西方郷士年寄中　」

以上のような書付を持って行く先々の役人から着いた時刻、出発した時刻を記入して貰って宿泊・通行するのである。これはこれまで紹介した諸触れのとおりであるが、番所では往来手形や所持金などを調べられ、三分（凡そ十万円）以上の所持金が無ければ入国させないことになっていた。病気や死

亡したときの費用と古松軒は判断している。行き先は水引新田宮と鹿児島福昌寺など五か寺と決められたが、これは六部に身を変えたからで、前に見たように、薩摩領内ではこれら以外の寺院で納経・納札することを許可していなかった。

「薩州侯の領分へ入りては宿なとは自由にせし事にて、町場には旅人宿といふ家有りて、門口に旅人宿と記せし大文字の看板を出して有り。六十六部は木銭十二文にて無心気止宿する事なり。宿にとる所は二十四文にて、十二せんは国主より下さる事也」

とも記している。各外城に藩指定の旅人宿がありそこに宿泊すれば二十四文（八百円程）、さらに六十六部は藩の補助があり木賃宿代二十四文のところを半額にするという特別扱いをしている。木銭とは素泊まり、宿主が鍋と薪を提供し宿泊する者が自炊するもので江戸時代の旅ではこの木銭が多かった。

元治元年（一八六四）に諸塚村（宮崎県）の塚原岩二郎が伊勢参宮に旅立ち、別府浜脇（大分県）では木賃代六十四文（二千百円程度）、宇佐近く下阿蘇谷では八十五文を支払っていることから薩摩の二十四文は桁外れに安い。しかも六十六部であればさらに半額にするという、この特例は何なのか。

古松軒の日記では宰領が付いたことは窺えない。「修行者となりて入りこむ時は、野宿といへる事をいひひらきにして行度方へ見めぐりて、幾日にても国中に滞留して、番所有る所にて右の書付を番人へ渡して国を出る事なり」とあり、古松軒が入国した天明の頃は宰領を付けなかったと思われる。宰領を付けないことを触れで指示するのは古松軒薩摩入国から三十一年後の文化十一年であり、この頃は宰領を付けていなかったことが分かる。

しかし、六部には決められた順路で領内を歩き、藩が決めた寺社を巡拝させ、藩指定の宿泊所である旅人宿（旅人問屋）に宿泊させるなど、領内滞在中はその所在を完全に把握したいという藩の意図がありありとみえる。

文化十一年には取扱い緩和

宝永五年の触れから約百年後の文化十一年（一八一四）には規則が変わってくる（『庄内地理志（巻五十三）』）。

「御領内へ入来候六部体の者、従来宿次ぎ才領相付け候得ども、向後その儀に及ばず。入来候番所に於いて国所証文等見届け、慥成なる者は口能なく差通し候、番人よりこれ迄の通り付状相認め当人へ相渡し、且道案内の者相付け来たり候へども、この節より相付けず候間、付状通り順道通行候様、分て申し聞すべく候。尤も右証文等不案にこれあるか、又は辺路より入来候者は一切差通す間敷き候。

右の通り諸所境目番所え申し渡す。差候て付状順郷次書、又は御当地諸郷とも順路外猥に徘徊いたさず様、与の儀は去ル子年詳しく申し渡しこれある通に候条、町奉行その外承り向えべく申し渡す。諸郷私領えも申し渡すべく候。

十一月

安房（藩家老島津久備）
典膳（藩家老鎌田政詮）

別紙の通り仰せ渡され候間、各その意を得、所中漏らさず様申し渡す。本文滞りなく郷次に相廻し、留より返納有るべく候。以上

文化十一亥十一月九日　　　　　　島津　亘（不明）」

領内へ入ってくる六部体の者は従来宿次ぎ宰領を付けていたが、これからはその必要はない。番所において国所証文等見届け確かな者は通してよい。これまで通り付状を当人に渡し、道案内の者は付けなくてよいが、付状の道順のとおり通行するよう申し付けること。もっとも証文等に虚偽が認められたり辺路番所から入国したりする者は一切通してはいけない。このことを諸所境目番所へ申し渡し、付状・順郷次書または当地諸郷とも順路のほか猥《みだり》に徘徊させぬこと、組については去ル子年（宝永五年）に委しく申し渡したとおり、町奉行その他にも申し渡し、諸郷・私領へも申し渡すこと、というものである。そして、本文は郷次で滞りなく廻し、最後の郷は本文を返納することと島津亘名で指示している。

文化十四年（一八一七）八月十九日、町奉行所から去川改役へ改めて指示している（『庄内地理志（巻五十三）』）。要約で示す。

近年、六部ならびに大社参詣廻国の者が、領内諸所辺鄙な所までも猥に徘徊しているということを聞く。甚だもってよろしくない。第一国政の妨げになる。今後右体の者が諸所境目番所へ来た場合は、別紙定め置かれた参詣所、順路、郷々を指し通すこと。このことに付いては宝永三戌年（一七〇六）に申し渡したとおりである。

病気の者を除いて一宿の他は堂泊や野宿など一切させてはならない。入国する番所より順郷次書をもって通し、次書を入国者へ渡して次書の趣旨を堅く申し聞かせること。このことは諸所境目番所へ申し渡しているので諸郷々面々はその通り心得、以後右体の者が来た場合は順路次書して通すこと。もし予め申請していた順路どおり通行しなかったり堂泊や野宿等で猥に徘徊いたす者があったりした場合は、所次で境目番所から追い返し町奉行所へすぐに申し出ること、と家老菱刈隆邑と同頴娃久喬名で指示している。

さらに、廻国者等の取締りについては文化元子年に委しく仰せ渡したとおりであることを心得、去々亥年ならびに去子年八月に仰せ渡したので取り違えはないはずであるが、これまで多くの者が入国しその中の過半は留まっている。中には三、四日も逗留しているのにその訳も付状に記さず、野宿したことは書いてあるが病気怪我のことは記していない。

また、老体の者や婦人連れ者が野宿や一日程度の滞在を願い出た場合は、托鉢は勿論気まま歩きは堅く禁止、これは国法であることを言い聞かせた上、その所の旅人問屋へ滞在することを申し付けること。なお又問屋にも付状に記すことを厳しく申し付けること。また、右体の者が滞在を申し出ても許してはならない。宿々では自分辺路や辺鄙な所への踏み込み、自侭徘徊とか托鉢等の禁止は国法であることは、これまでどおりであることを申し聞かせ手抜かりないようにすること、と加えている。

これは六部を含む旅人対策の大きな変化であり、自由な領内廻国を承認したことになる。古松軒も「修行者となりて入りこむ時は、野宿といへる事をいひひらきにして行度方へ見めぐりて、幾日にても国中に滞留して、番所有る所にて右の書付を番人へ渡して国を出る事なり」と、野宿したといえば領内どこへでも行くことができ、何日も滞在できたことを記している。古河古松軒が薩摩に入った天明期から文化（一七八一～一八一七）の頃は、六部に対する取扱いが緩やかであったことが窺える。

六部は病気や怪我を除いて一泊と決められていたが、文化十一年（一八一四）の規制緩和を受けて同十四年去川改所に指示している（『庄内地理志（巻五十三）』）が、その中にも、「廻国者等の取締まりについて、これまで多くの入国した者の過半は留まり、中には三、四日も滞留しているのにその理由を付状に記していない。野宿したことは記しても怪我や病気のことは書いていない」とある。

子年とだけ書いてあるので明確な年代は不明だが、寺社奉行所が真言宗大乗院へ触書（『宮崎県史史料編近世5』）を出している。六十六部や行脚の者が納経・納札で寺院仏閣へ参詣した場合、暫くいる事は許可するが滞留することは堅く禁止するというものである。大乗院とか花林寺・錫杖院・勅詔院にも同様の触書を出していることから、藩が決めていた寺院だけでなく他の寺社を自由に巡拝していたということが分かる。花林寺や錫杖院は高原町にある霧島東神社の別当寺であったことから、霧島六所権現などにも巡拝していたことが分かる。

天保には状況一変

ところが、天保八年（一八三七）伊勢国探検家松浦武四郎の薩摩入国に際しては状況が一変している。武四郎は僧に扮しての入国であったが、古河古松軒が六十六部に変装すれば薩摩廻国は容易であったという天明三年（一七八三）頃とは違って取締りが厳重であった。

武四郎の薩摩入国については第一章第四節で既述したのでここでは概要を示すが、往来手形や路銀、行き先など委細にわたって尋問、入国時申請した行先どおりか監視する宰領をつけ、他の見物を一切許していない。入国から出国まで宿屋も含め全て監視されている。鹿児島では中山・安田・山本などの諸氏を訪問、彼等の努力にもかかわらず国禁という理由で僅か三日しか滞在できなかった。

また、同節で見たように、天保十二年（一八四一）二月には、後の飫肥藩家老平部嶠南が九州一周の旅に出た二十七歳のとき、寺柱番所（三股町）から薩摩入国、都城から鹿児島を経て吉松、加久藤から肥後へ出国するが、行く先々で案内者と称する宰領を付け勝手に歩くことを許さなかった。鹿児島では落合双石（飫肥藩学者）の知人で江戸昌平坂学問所で学んだ人物二人から招待され自宅を訪問するが、宿の主人は隣室で嶠南等の談義を聞いているなど、夜の行動まで監視されている。

文化十一年に緩和された六十六部や廻国者などの取扱いが以前の厳しい管理に戻っているが、これは天保の大法難という一向宗への弾圧が最も厳しくなった時期と重なる。それはまた、六十六部への対応もきびしくなってくるのだが、このことについては節をあらためて見ていきたい。

四　本願寺使僧と六十六部——取締り強化の背景——

六十六部取扱いと一向宗門徒取締りの動き

六十六部や廻国者などへの一連の取締りを一向宗禁制の側面から考察してみる。ここで、前節でみてきた六十六部取り扱いと一向宗門徒取締りを時代を追って整理すると**表1**のようになり、密接な関連が読み取れる。

江戸初期は六十六部の薩摩入国を禁止、境目番所近辺を徘徊することまで禁止している。しかし、入国を求める六十六部は後を絶たなかったとみえ、貞享元年（一六八四）には次書を持たせ監視人をつけることを条件に認めている。

薩摩藩における宗門改めと一向宗取締りは、寛永九年（一六三二）日向国高原（宮崎県）などの門徒摘発に始まり郷士・百姓が処分され、同十二年には切支丹改めと一向宗改めを実施した。明暦元年（一六五五）には宗門取締りのため、初めて宗体奉行を置き役所を宗体座といった。この宗体奉行は元禄十二年（一六九九）に宗体改方と改称、次いで宝永六年（一七〇九）には宗門改方となり、宗体座は宗門改所と改称、安永七年（一七七八）には宗門改方を宗門改役と改称した。

宝永五年（一七〇八）は、六十六部の取扱いが、例えば参詣寺社を予め決めておきそれ以外は認めな

表１　一向宗禁制と六十六部取締り

和暦	西　暦	一向宗改め	六十六部・旅人取締り
元和－寛永	1615～43	飫肥藩との境山之口、飛松、日当瀬に辺路番所設置	
慶安４年	1651	日置島津久慶没、死後一向宗帰依発覚系図から削除	
明暦元年	1655	宗体座設置	
寛文７年	1667	薩摩領内からの欠落取締り	
寛文12年	1672		六十六部・行脚等薩摩入国禁止
延宝６年	1678		行脚等境目番所近辺徘徊禁止
貞享元年	1684		六十六部次書・宰領をつけ入国認める
元禄12年	1699	宗体改と改称	
宝永５年	1708	門徒へ自首を勧める。その数数千人	六十六部取扱い具体的指示
宝永６年	1709	宗門改と改称	
享保10年	1725	山伏・念仏坊等一向宗門徒接触禁止	
安永年間	1772～80	本願寺使僧多数薩摩潜入	
安永７年	1778	宗門改役と改称	
天明３年	1783		古河古松軒薩摩廻国緩やかな扱い
寛政４年	1792		高山彦九郎出水野間関で足止め
寛政10年	1798	薩摩門徒飫肥領内欠落2,804人に及ぶ	
文化年間	1804～14	薩摩各講社本願寺へ盛んに懇志上納	
文化９年	1812		野田泉光院薩摩廻国緩やかな扱い
文化11年	1814		六十六部に宰領を付けることを止める
文政３年	1820		安井息軒父親滄州薩摩廻国取締り緩やか
天保元年	1830	門徒による莫大な懇志金上納発覚	
天保５年	1834	使僧妙光寺・浄泉寺・安楽寺薩摩潜入	
天保５年	1834	山之口藩境天神川原、山ノ神平、吉野元に辺路番所増設	
天保６年	1835	大法難起こる	
天保８年	1837		松浦武四郎薩摩廻国厳しい対応
天保12年	1841		平部嶠南薩摩廻国厳しい対応
天保14年	1843	法難により本尊2千幅科人14万人に及ぶ	
弘化元年	1844	薩摩門徒飫肥領内欠落多し	
嘉永元年	1848	天保の法難収まり使僧探玄薩摩潜入	
嘉永元年	1848	家老新納武蔵守並びに一門日置但馬守内実一向宗帰依、日置取締り緩やか	
嘉永２年	1849	日向国福嶋正国寺使僧蘭大隅潜入	
嘉永４年	1851	飫肥領境無頭子に辺路番所設置	
安政４年	1857	使僧無涯日向国本庄宗久寺で自害	
万延２年	1861	飫肥領境餅ヶ瀬戸、永野に辺路番所設置	

蓼池隠れ念仏洞（三股町）

永久井野の隠れ念仏洞（小林市）
自然の窟を利用し唯一入洞できる

いとか、一泊はよいが二泊以上は認めないとか、野宿や堂泊は禁止など細かく指示し、役人の取締りを具体的にしている。この年は、一向宗門徒の取締りも処罰を行わないことを条件に自首を勧め誓詞を書かせて許している。そのとき自首した者は数千人に及んだという。

享保十年（一七二五）八月、諸所の噯や役人、與頭・横目に宗門方加役を申し付け、身元が確かでない山伏・社人・念仏坊・平家座頭・地神座向・子安観音守等には支配頭等より厳しく取調べがあり、理由のない祈禱や占等を行い、一向宗布教を行うことを厳重に禁止し、また、他領から入ってくる六十六部や行脚等へ祈念・占等の依頼を禁じた（『鹿児島縣史』）。

一向宗門徒は隠れ念仏として地下に潜り、厳しい弾圧にもかかわらず秘密結社的講を組織して信仰を守った。本願寺は薩摩藩境に接する日向諸藩や天草・水俣などの真宗寺院へ各念仏講支援を命じ、本山から使僧を薩摩領内へ潜入させ講組織や冥加金上納を促した。

安永年間（一七七二〜八〇）には二十八日講が結成され、文化ないし天保頃（一八〇四―四三）、諸郷・諸在で盛んに講社が結ばれた。仏飯講・烟草講・椎茸講・御鏡講・開明講・一乗講・燈明講・真影講・冥加講などである。これらは山中や渓流近くにガマという念仏洞を掘り、そこで社頭とか番頭とよばれる講社の指導者から法話を聞いたり念仏を唱えたりして法灯を維持したのである。

この時期、山伏や念仏坊などが一向宗門徒に接触することを禁止するが、本願寺使僧は盛んに潜入している。

飛松（旧山之口町）藩境にあり
辺路番所が置かれていた

江戸後期、諸国のどの藩も関所番所は形式的な検閲で通行は自由であったが薩摩藩だけは別であった。寛政四年（一七九二）三月、勤皇家高山彦九郎は肥後から薩摩へ入ろうとして、肥後口の出水郷野間原で足止めされている。彦九郎が手形を持っていなかったことを理由に十日余り入国を阻まれたのであるが、このとき「薩摩人いかにやいかに苅萱の関もとざさぬ御代と知らずや」と詠んでいる。

文化十一年（一八一四）には六十六部入国に際して宰領をつけないことにした。それは薩摩領内を自由に徘徊することを認めたということになる。古河古松軒や野田泉光院なども薩摩領内を結構自由に廻国している。しかし、門徒摘発を緩めたものではなく年に数人は処刑されていることを古松軒は記している。

しかし、天保六年（一八三五）にそれまでにない大弾圧が始まる。それは第一章で述べたように、天保元年（一八三〇）焼香講の上納金を本山へ納める男が聖導寺へ強盗に入り、捕縛された男の自白により各講から莫大な懇志金が本山へ上納されることが発覚したのである。その頃薩摩藩は五百万両（六千六百億円程）とも言われた藩債のため藩財政は硬直化し、家老調所広郷らが財政改革に取り組んでいた時期で、一向宗門徒から莫大な金が本願寺に出ていることを知り厳しい一向宗弾圧に乗り出した。それまで藩は反服従と平等性という信仰面での理由で禁制にしていたが、経済的な面からも一向宗門徒弾圧・使僧摘発に躍起になった。

飫肥藩田野に接する山之口には一之渡（山之口番所とも言う）・日当瀬・飛松・中川内・無頭子・永野・餅ヶ瀬戸・吉野元・宇名目・山之神平・天神川原など辺路番所があった。一之渡番所は元和年間（一六一五〜二三）、日当瀬と飛松番所は寛永十四年（一六三七）と古くから設置されていたが、宇名目・山之神平・吉野元・天神川原の各番所は天保五年（一八三四）、無頭子は嘉永四年（一八五一）以前、餅ヶ瀬戸と永野の番所は万延二年（一八六一）、中川内番所は文久二年（一八六二）と、大法難が起こった天保以降に設置され取締りが強化されているが、これは山之口だけでなく藩全体に及んでいたと思われる。

松浦武四郎や平部嶠南が薩摩入国した時期（天保八年と十二年）は、最も厳しい一向宗門徒取締りが行われた時代であった。

本願寺使僧の薩摩潜入と取締り

上述のように、江戸後期、本願寺は薩摩へ僧を派遣し講社結成を促した。大法難から二十年位経過した嘉永の頃になると、本願寺は使僧を送り込み講社再結成を促しているが、この頃本山は財政的な立て直しを計る必要があり、禁制下にあった薩摩門徒を例外にする余裕がなかったのであろう。

この頃領内から多額の金子流失が判明、薩摩藩は門徒や使僧摘発に躍起になっていた。その結果およそ二千幅の本尊が摘発され、門徒には想像を絶する苛酷な制裁が加えられた。

薩摩へ送り込まれる使僧はこの地を鬼界と恐れ、身命を賭した教化と募財を強要された。薩摩潜入に際して使僧は本願寺へ誓詞を提出しなくてはならなかった。

「万々一法難等これあり、捕らえ人に相成り候とも、御本山よりの御用と申すこと決して申す間敷く、御用状等は悉皆偽物に執りなし、一己の計らいたるべくよう申し抜き、粉骨砕身の計策仕るべく候」（『薩摩國諸記』）。

万が一使僧が薩摩に捕縛されても本山へ類が及ばないように、法難のときは自分の責任で身を処するように仕向けていたのである。

妙光寺・浄泉寺・安楽寺の三人の使僧は本山の指示で天保五年（一八三四）薩摩に潜入した。第四章第六節でふれた使僧無涯の薩摩潜行の三十三年前である。天保五年十月十七日三人は高尾野（出水市）に着船、妙光寺は冥加講、浄泉寺は山北講、安楽寺は仏飯講と手分けして順講した。十一月下旬出水で法難が起こり、十二月十二日と十三日には川内や加茂（蒲生か）近辺でも大法難が起こり同行（門徒）三十人余が捕縛された。西目口では足軽三十人余が尋ね回り、東目口でも足軽が捕捉者として見廻るなど大騒動になっていた。

安楽寺は上村・平谷・黒木・大村等の山里に隠れ、妙光寺は冥加講・阿久根仏飯講・川内東方講・十八日講・専修講・市来朱墨講などを巡り、十一月十八日から下方御身講へ廻った。花堂院（祁答院）辺りは捕縛騒動で混乱しており、田布瀬の松山源太左衛門の所に隠れ越年した。真宗（一向宗）僧三人の薩摩潜入が藩側にも知られ、さらに薩摩門徒から年々大金が本願寺へ上納されていることを家老まで知っているということが分かり、三人への捕縛危機が迫っていた。

浄泉寺は荷物等そのまま出石角右衛門に預け、旧冬十二日夕、求名を忍び出て十里余の道を夜通し歩き、羽月の山伝えで漸く水俣へ逃げ出すことができた。まさに命拾いしたという感である。

安楽寺主従二人は浄泉寺侍者ともども、同十六日夕方寒風吹きすさぶ中夜通し歩き、これもまた命からがら大村より西方寺へ脱出した。

妙光寺は浄泉寺と安楽寺が西目口から出国したことを西目口の門徒から聞いた。妙光寺は薩摩の片奥、下方田布施に隠れていたが、薩摩から出国することは難しく、城下の信者に世話を依頼したところ、夜、四十八丁一里（九キロ余）の距離を八里ばかり遠回りして、漸く城下に隠れることができたが、藩の探索は厳重で夜間でも外出することはできなかった。その後妙光寺は無事日向国へ出ることができた。妙光寺は捕まらなかったことを一人御慈悲と喜んだ。捕捉されることは覚悟していたが、万一捕われることを想定して書面は残さなかった。

重誓寺探玄の潜入

天保大法難も収まり嘉永の頃（一八四八〜五三）になると、再び本願寺からの使僧派遣が目立ってくる。使僧たちの役目は法難で中絶した講の復興と三業派信者に対する指導であった。

講指導者の勢力争いに加えて思想的な対立も講内紛の要因となっていた。本願寺は宝暦年間（一七五一〜六三）から五十年にわたって、三業惑乱という大紛争を経験している。三業派といわれる新義の一派と、古義派との思想的対立であったが、幕府によって三業派は異端であるとの裁定がなされ、このとき処罰された指導者の一人である大魯が薩摩に潜入、多くの信者を得てその傘下には十七の講があったと言われている（『薩摩國諸記』）。

薩摩門徒の間には新義三業派と古義正統派の両派勢力が対抗し、さらには東西両本願寺の勢力争いもあった。薩摩の諸講は隣国に所在する直純寺・正国寺（日向）、源光寺（肥後）等を仲介に本願寺と連絡を保っていた。しかし、本願寺から使僧が派遣されると、使僧と手続き寺院との間に、講の手続権をめぐって種々の問題をはらむことになる（同）。

探玄は修学のため十余年肥後重誓寺に止錫していたが、前年夏より薩州同行（門徒）が学寮にきて薩摩に来て隠れ門徒へ教義を話して欲しいと依頼されていた。しかし、薩摩は天保六年（一八三五）の法難後、一向宗弾圧が厳重で僧一人も入り込むことはできないことを知っていたので固く辞退したが、是非にと度々要請されたので、初冬に薩摩に入った。

嘉永元年（一八四八）肥後水俣（熊本県）から入り九里（三六キロ）の深山を越え、先ず鶴田外城の仏飯講に教義を施し、次に宮之城外城の十六日講、その次に東郷外城の朱墨講、さらに山崎外城の二十五日講、そして日置外城の三日講と巡講、五十日間薩摩に逗留した。かなりの繁昌で役人ら半分以上は真宗の教えに心をよせて帰伏し、「十四年已来法味をなめ候」と歓喜の余り、十六日講から六十七両一歩二朱（九百万円程）、仏飯講から三十二両二朱（四百三十万円程）、三日講から九両二歩二朱（百三十万円程）の冥加金の献上があった。

「十四年已来法味をなめ候」とは天保六年の大法難以降途絶えていた仏飯講や朱墨講などの講社を復活させ、重誓寺探玄の法話、いわゆる宗教のプロの法話を直に聞いた喜びを言い表したものである。

使僧を騙る六十六部の横行と藩の監視強化

以上、六十六部に対する薩摩藩の対応を見てきた。二重鎖国の薩摩藩では六十六部の入出国には特別に警戒していたが、年代で追ってみると、対応に違いがあることが分かる。その違いは本願寺使僧の動きとも関わりながら、一向宗禁制の度合に関係しているといえる。

古河古松軒は前述のように天明三年（一七八三）、薩摩に六部の服装・格好で入っているが、次のようなことを記している。

島津領日向・大隅・薩摩は一向宗禁制で、他国の切支丹信者取締りのごとく厳しく取締っているので、表向きは門徒はいないようにあるが実際はそうではない。心がけの悪い廻国（六十六部）などは一向宗のことは知らぬ顔をして村々に入り、「実は我々は真宗（一向宗）だが、この国は一向宗御法度で薩摩入国が難しいと聞いていたので、往来手形には浄土宗と書いて番所を通った」と言えば、ここでもあそこでも御馳走して泊めてくれるという。

その虚実を知るために古松軒もある武家に行って、噂どおりに話し本願寺の有り難いことを言ったら、家族がうち寄って奔走したとあり、「くれぐれも宗門におそるべきは門徒なり」と結んでいる。薩摩領内には古松軒が見聞きしたとおり、一向宗門徒の心情に付け込んだ不届きな六十六部が多数横行していたのである。

特に六十六部の辺鄙な所への徘徊を厳しく取締った形跡があるが、鹿児島市中より外城、外城の麓より在方と監視が不徹底になりがちな辺鄙な地域ほど隠れ門徒との接触が容易になり、一向宗門徒や使僧を騙《かた》る不逞な六十六部が横行したのである。

為政者側は六部体の廻国者が講結成を促し、門徒拡大を図る本願寺使僧ないし一向宗信者とみて警戒を強めたのではないか、それで六十六部が特別に藩の監視下に置かれたのではないかと考える。

明治二年（一八六九）十一月、最後まで残った一乗院・福昌寺・大乗院・照倍院・宝満寺・専修寺など、島津氏ゆかりの寺院も廃棄され、旧薩摩藩内は一か寺も無い全く廃仏の地となったが、その後も他領から六部体の者あるいは僧尼類似の者が密かに入り込んだとみえ、同四年七月十三日知政所は厳重な取締りを命じている（『鹿児島縣史第二巻』）。

なお、六十六部については、明治六年（一八七三）七月に『教導寺院一巻』「布教の儀につき教部省山下大録へ尋問」というものの第二十三条但書きに「六十六部等辛未十月公布ヲ以被禁止候（後略）」とあり、明治四年十月に禁止されている（『宮崎県史史料編近・現代2』）。

第三章　諸県地方の隠れ念仏

——里寺と講の広がりとその信仰——

一　里寺と講——諸県・大隅地方の隠れ念仏

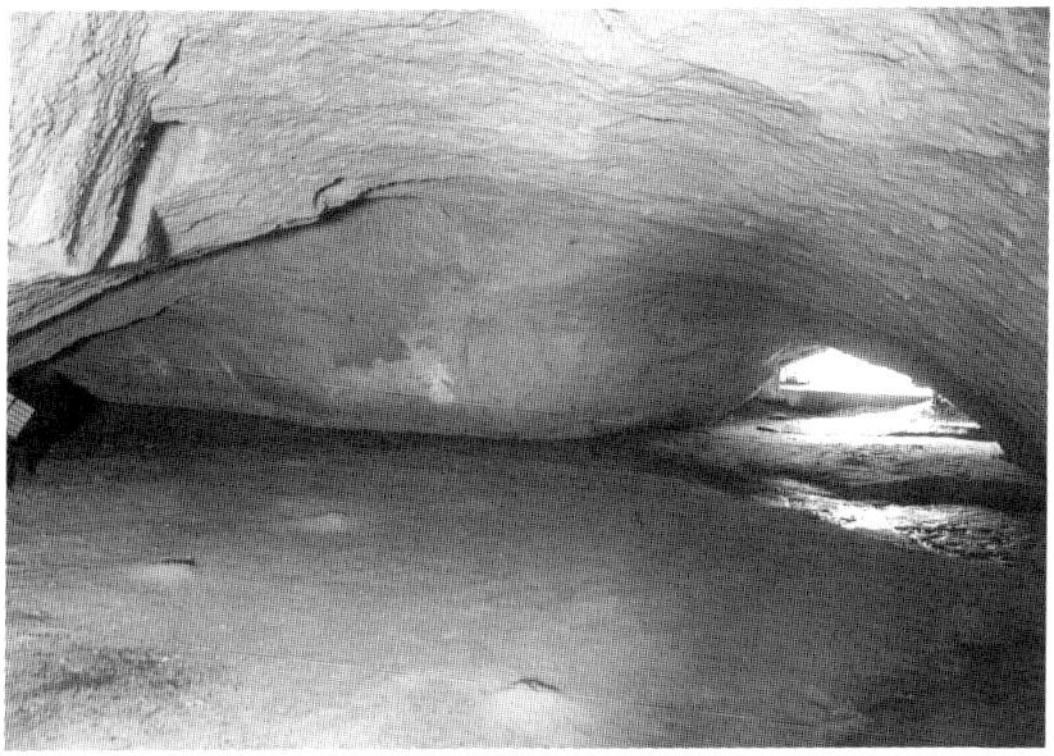

田辺隠れ念仏洞（旧高城町）入口は屈んで入る狭さ、内部 は20〜30人は入る広さである

里　寺

一向宗が禁制であった時代、薩摩領の門徒は秘密結社のように地下に潜って信仰を続けた。真宗（一向宗）寺院はなく僧侶もいなかったので、門徒の中に文字が読める者がいれば、その者を頭に迎え、正信偈読誦や教義の解説などしてもらい信仰を深めた。役人に知られないように、海辺の門徒は海に出て船上で、町場の門徒は風雨の強い夜土蔵の二階などで、農村では山中に穴を掘りその中で読誦し信仰を維持した。集落入口に二才《にせ》（若者）を置き、役人などが来ると「馬（牛）が逃げた」などと大声出して走り廻り、それが合図で信者は密かに帰るということになっていたという。

秘密集団は仕事を終え念仏洞（ガマ）で念仏を唱え説教

を聴いて帰り、翌日は普通に野良仕事に出なくてはいけないので、結社の範囲はそれほど広くはなく、小字地名の集落が範囲であった。一番小さい集団を里寺と言った。寺と言っても寺があるのではなく、里寺は一纏まりとなっている小集落を言う場合と、番役とか社頭というグループの頭の家を言う場合もあった。

講

他の里寺と連絡を密にして大きな集団となると講・講社と言った。つい最近まで活動していた薩州内場仏飯講は宮崎県小林市野尻町から高原町、都城市高崎町、三股町、鹿児島県末吉町、財部町、福山町と広範囲にわたり、そこには多くの里寺が存在した。

最も古い講社とされるのは久志（鹿児島県）の二十八日講で、宝暦十年（一七六〇）以降の文書がある。文化から天保年間（一八〇四～四三）にかけては盛んに講社が結ばれた。これらには仏飯講・烟草講・椎茸講・御鏡講・御花講・開明講・一乗講・燈明講・真影講・冥加講・朱墨講・山北講・歓喜講・知恩講・嘉永講・最勝講・三日講・十四日講・十五日講・十六日講・十八日講・廿五日講・廿八日講などがあった。そしてこれらの講社名に地域名を付け、内場仏飯講とか菱刈烟草講、須木椎茸講、川西十六日講などと称した。

初め講社は各地の産物を本山へ寄進していたが、藩の取締りが厳重になり、人目に付きやすい現品送納は廃止し、代銀を講頭や番役らが上洛して志納した。烟草講や椎茸講などの講社名は産物を上納していた頃の名残である。三日講とか十八日講、廿五日講とか日にちを付けた講社名があるが、これは講の集合日から付けたもので、逮夜《たいや》の十五日や蓮如上人命日の二十五日、親鸞聖人命日の二十八日などは多く使用された。また、仏飯講とか焼香講、御花講などは法要やつとめに必要なものが講社名になっている。

なお、この講の存在した範囲は、現在の宮崎県西諸県、北諸県地域と、鹿児島県の大隅地域の一部を含む。大隅地域の宮崎県と境を接する地域は、南諸県と言った。いわゆる「諸県」と呼ばれた地域のほとんどを含んでおり、本書で「諸県地方」とはこの県境を越えた広域の地を指して使う。この地域は古くは「日向の国」の一部であり、江戸時代は薩摩藩領となったが、都城島津氏の私領に含まれ、薩摩本藩とは異なる支配のもとにあった。なお、諸県と呼ばれる地域には東諸県の地もあるが、薩摩藩の関外四カ郷の地で、一向宗禁制には独特の対応をした（このことについては第五章で詳述する）。

薩摩の講社は本願寺と直結したが、大隅や日向諸県講社の懇志金上納は日向真宗寺院を取次寺として本山に納めた。宮崎直純寺は薩州内場仏飯講・同焼香講・薩州山田烟草講、日向福嶋正国寺は志布志や松山など大隅の講社を、日向飫肥浄念寺は都城、清武安楽寺は山之口、日向本庄宗久寺は野尻紙屋、高岡などの講社を支援した（第四章参照）。

これらの講は、以下見ていくように、その起源は古くは中世後半との伝承を有するものもあるが、ほとんどは近世江戸時代から始まり、近代に入ってもつづけられ、つい近年まで存続していた。

二　薩州内場仏飯講

仏飯講古系図

薩州とあるが実際は日向と大隅の人々が講を結んだもので、本願寺に残る古文書によると講名は本山から下付され、薩州と付けたのは日向・大隅・薩摩など地理的位置関係が分からなかったのであろう。この講は禁制が解かれ信仰が自由になった明治以降も活動を続け、平成十五年まで互いに連携を密にし本願寺との直接の関係を保ち続けた。

内場仏飯講は宮崎県三股町が発祥地といわれている。講の由来と歴史については、明治期に書き写されたという「仏飯講古系図」（『近世御仕置集成』）が存在、その概要は次のようなものである。

明和三年（一七六六）の頃、諸県郡勝岡郷蓼池村（三股町）に藤左ヱ門という者がおり、彼は弥陀の本願を深く信じ感謝する人で、初めのうちは正信偈を流行り歌に作りかえ酒宴席での遊興としてそれを歌っていた。同席の者たちの関心など頃合いをみて正信偈の功徳を説き聞かせていたが次第に信者が増えていった。

安永二年（一七七三）の頃より仏法が盛んになり、天明元年（一七八一）の頃、本願寺へ講結成願いを申し出たところ、仏飯講の御名を賜り相続することになった。また、勝岡郷樺山村（三股町）の三左ヱ門という者も熱心な信者で、藤左ヱ門と協同して信者を広めた。

寛政五年（一七九三）五月上旬二人は上京、本願寺へ三左ヱ門を講の惣代として御講物下賜を願った。五月二十四日その願いが許され、親鸞聖人と蓮如上人の連座絵像並びに大福の名号を下付された。

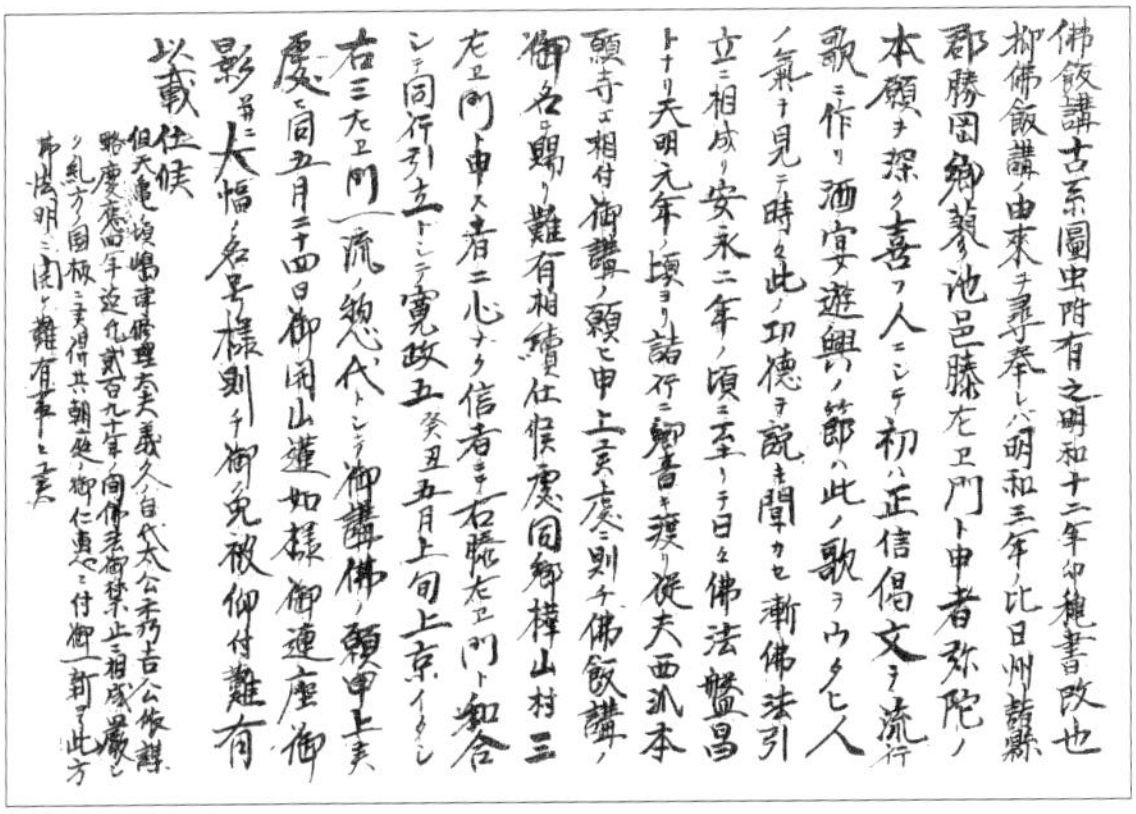
佛飯講古系圖出附有之明和十二年卯總書改也
抑佛飯講ノ由來ヲ尋ネ奉レハ明和三年ノ比日州諸縣
郡勝岡郷蓼池邑藤左ヱ門ト申者弥陀ノ
本願ヲ探ク喜フ人ニシテ初ハ正信偈文ヲ流行
歌ニ作リ酒宴遊興ノ節ハ此ノ歌ヲウタヒ人
ノ氣ヲ見テ時々此ノ功徳ヲ説キ聞カセ漸佛法引
立ニ相成リ安永二年ノ頃ニ至リテ日々佛法盛昌
トナリ天明元年ノ頃ヨリ諸行ニ郷音ヲ獲リ從夫西派本
願寺エ相付御講ノ願ヒ申上ニ處ニ則チ佛飯講ノ
御名ヲ賜リ難有相續仕候處同郷樺山村三
左ヱ門ト申ス者二心ナク信者ニテ右藤左ヱ門ト和合
シテ同行引立トシテ寛政五癸丑五月上旬上京イタシ
右三左ヱ門一流ノ惣代トシテ御講佛ノ願申上ニ處
ニ同五月二十四日御開山蓮如様御連座御
影弁ニ大幅ノ名号様則チ御免被仰付難有
以載仕候
但天亀頃嶋津修理太夫義久ノ白代太公秀吉公依謀
略慶長四年迄凡弐百九十年ノ間佛法御禁止ニ相成嚴シ
ク氣方ノ国板ニ実徃仕共朝廷ノ御仁恵ニ付御一新ヲ此方
佛法明ニ開ケ難有事ニ候

仏飯講古系図（『禁制御仕置集成』より）

天保六年（一八三五）三月に法難が勃発、弘化元年（一八四四）まで九か年の間、厳しい取り調べが続き仏法は絶え絶えとなっていたが、安政二年（一八五五）頃より幾らか取り締まりも緩やかになり信仰する者が増えてきた。しかし、安政四年九月に再び法難が起こり、一番組野尻三ヶ野山（小林市野尻町）建杷十次郎という者が隠し保管していた宝物も藩の厳しい詮議のもとに安政六年三月に取り上げられ、慶応元年（一八六五）まで厳しい弾圧が絶えなかった。

明治元年（一八六八）王政復古の世となった。同二年から仏法が盛んになり、同五年六月宮崎県内は「神仏二道帰依勝手次第タル」布告が発せられて、都城や小林などは浄土真宗の信仰が自由となった。明治六年惣代園田亀太郎と広原休助は上京し、正恩寺の取次で二尊連座の絵像並びに本如上人の絵像を本願寺に再度願い出たところ、翌年十月七日本如上人、十七日に釈先尊判を願いのとおり下付された。このとき礼金百円を献上した。

明治五年（一八七二）宮崎県内の旧薩摩藩領は信仰が自由になったが、鹿児島県内はまだ禁制のままであった。明治九年（一八七六）九月「神仏二道人民ノ皈依次第」の布告があり、同十一年鹿児島出張本願寺別院が建立され、その他の諸郷へも説教所が設置された。鹿児島県も漸く信仰の自由が認められようになったのである。

仏飯講伝来の聖人絵像一幅と本如上人絵像一幅を一番組の高原村広原（高原町）に保管していたが講役何某と同役の者が盗み、門徒一同は大いに驚き鹿児島別院に届けた。上役僧園田南海が出向き事情を聞き、橋口良助・原口徳二・下小牧銀蔵の三人を委員に選び都城警察署に訴えるなか、三人中の一人が行方不明となり取り返すことができなくなった。それで再三協議した結果、明治十四年（一八八二）二月二十三日本願寺奥野浄識の取次で本山に願い出、同年十一月七日一番組鶴田萬次郎、二番組原田徳二、三番組上野政助が上京、祖師聖人蓮如上人連座絵像一幅並びに本如上人の絵像一幅を下付された。

明治以後の活動

明治三十七年（一九〇四）、日露戦争への寄附金として仏飯講より金百円を献納、明治四十二年三月二十三日、本山より仏飯講総代の聞き取りがあり、一番組は高崎村今村庄右ヱ門、二番組は梶山村（三股町）原口卯兵衛、三番組は財部村（鹿児島県）上村伝次郎の三名を報告した。

明治四十二年、同四十四年が祖師上人六百五十回忌となることから金百円を献納、記章十個が直接講内の同行に下付された。

大正二年（一九一三）三月、総代猪之尾嘉次郎が上京、明治天皇崩御につき焼香料として金百円を本願寺へ献上した。

大正五年三月、平田辰右ヱ門・山崎善蔵・原田秀次三人が上京、明如上人七回忌祈念として百円を懇志献納、特志総代へ木杯一個宛下付された。

大正十二年（一九二三）三月十七日、親鸞聖人七百年開宗記念として金百円献上、総代今村庄右ヱ門が懇志上納のため上京、特別に教行信證之巻一通が下付された。

大正十四年三月、宇都乙吉・峯崎助右ヱ門・小林十助・福元勘之丞・猪之尾嘉次郎が上京、願いにより袖肩襟三前が下付された。

同年四月十二日、総代今村庄右ヱ門が上京、本如上人百回忌、寂如上人二百回忌、実如上人四百回忌の惣志として金三十円を献納。これにより特別の詮議をえて裁断書三巻を下付された。

昭和五年（一九三〇）十一月、総代名義聞届を提出した。

講　名　薩州内場仏飯講
講在地　鹿児島県・宮崎県一部
講員頒布範囲　肝属郡・曽於郡・北諸県郡・姶良郡、五郡ノ内ニ同意ニ属スル戸数千戸
担当者　樋渡彦兵衛・渡辺銀右ヱ門・中野辰之助・徳元嘉吉

代表者　今村庄右ヱ門・猪之尾嘉次郎・黒木嘉右ヱ門
世話係　木上助蔵・鹿島興助・岡留藤八・鶴田新左ヱ門
創　立　明応元年（一四九二）十月十八日
創立認可　永正十年（一五一三）十月十八日
近年ノ事業　正月報恩講、春秋彼岸、在家巡回、年三回ノ婦人ノ会
世話係　今村源助（以下七十三人略）
昭和十一年　二番組で三左衛門墓や三左衛門顕彰碑を建立した。
昭和十六年　一番組で仏飯講由来碑を建立した。
昭和二十一年十月十八日、総代名義聞届
担当者　切通彦次郎・落合金左ヱ門・中野義光
世話係　徳永繁・宇都乙吉・長野半次郎・有水矢助・原田国吉
代表者　上大山栄太郎・森山市助・竹田三四郎
世話人　横山勇（以下三十六人略）
昭和二十三年三月、総代名義聞届
代表者　中野義光・永野盛重・竹田才四郎
世話人　大脇善七（以下十四人略）
昭和二十四年八月十四日、西本願寺特別法要にて中野義光表彰

昭和二十七年十月十六日届総代名義聞届
担当者　滝ヶ山喜作・福丸文吉・森山重雄・森岡紋二
世話係　平山盛武（以下五十二名略）
昭和三十二年十月十七日、総代名義聞届
講長　永野盛重・原田国吉・福重興右ヱ門、それまでの代表を講長と改む。
担当　中島正文、以下四十一人略。

（『かくれ念佛とカヤカベ』）

薩州内場仏飯講は、宮崎県小林市野尻町から高原町、都城市高崎町、三股町、都城市、そして鹿児島県垂水市、末吉町、旧大隅町、旧財部町、旧福山町、と広大な地域に跨り、里寺数は昭和五十七年（一九八二）に四十三あった。平成十六年（二〇〇四）には十里寺に減少しているが、明治・大正にはもっと多かったことが推察される。

里寺と三つの組

薩摩藩では慶応四年（一八六八）から始まった廃仏毀釈により、旧薩摩藩内寺院はすべて廃毀されたこともあり、里寺の番役（社頭）は地区で行われる葬儀を取り仕切ったと伝える。

江戸時代、薩摩領民は各外城にある禅宗や真言宗、そのほか藩に認められた寺院の檀徒でなければならなかったので、表向きそれぞれ檀那寺による葬式で死者を葬ったが、その寺院がすべて廃寺となったことで領内各地に浄土真宗寺院や他の寺院が建立されるまで里寺番役が葬儀を行った。もっとも禁制されていた頃も番役を中心にして密かに一向宗の葬儀を執行していたと伝える。

昭和五十七年（一九八二）に活動していた四十三の里寺は次ページの表2のとおりである。地区名に寺を付けているが実際は寺院はなく番役の家ないし講のある地区を寺と呼んでいた。

一番組が八所寺（旧野尻町）、蒲牟田寺（高原町）、高坂寺・今村寺・松ヶ水流寺・横谷寺・倉元寺・樋渡寺・小牧寺（以上旧高崎町）

二番組は、上米寺・中米寺・谷寺・宮村寺（以上三股町）、払川寺（都城市）、広底寺・中薗寺（以上鹿児島県旧末吉町）

三番組は、牛根境寺（垂水市）、浦川路新原寺・新堀寺・前川内寺（以上旧福山町）、浦川路寺・梶ヶ野寺（以上旧大隅町）、田方寺・猪之川内寺・畩ヶ山寺・諏訪方光神寺（以上旧末吉町）、通山寺・帯野寺・上村寺・八ヶ代寺・宇都寺・川内寺・畠中寺・閉ヶ山寺・堂園寺（以上旧財部町）、神崎寺・倉岡寺・鶴木寺・深川新原寺・深川原口寺（以上旧末吉町）

広域にわたった内場仏飯講は全体で活動することは困難であったため三つに分けた。一番組は野尻・高原・高崎、二番組を三股・都城・末吉、三番組を末吉・財部・福山の各講とした。そして、それぞれ講長を選出して講運営をしていたが、これを一つにまとめることでさらに講活動興隆を図ろうする機運が高まり、各組の役員が何回か会合し昭和三十六年（一九六一）八月二十三日、三股町の公民館で総会を開き内場仏飯講は一つの講として活動することを決定した。

表２　薩州内場仏飯講の寺数・役員数

		昭和57年	平成元年	平成7年	平成10年	平成13年	平成16年
	１番組（寺数）	9	8	6	3	2	1
1	八所寺（野尻町）	23	22	31			
2	蒲牟田寺（高原町）	35					
3	松ヶ水流寺（高崎町）	17	17	10			
4	高坂寺（〃）	22	16	19			
5	今村寺（〃）	9	9	22	17	4	
6	樋渡寺（〃）	6	24	15	14	15	14
7	倉元寺（〃）	10	8				
8	横谷寺（〃）	17	11				
9	小牧寺（〃）	10	8	6	11		
	２番組（寺数）	7	7	7	6	3	3
10	上米寺（三股町）	8	14	13	16	15	11
11	中米寺（〃）	11	8	10	10		
12	谷寺（〃）	7	11	11	15	16	15
13	宮村寺（〃）	7	6	6			
14	払川寺（都城市梅北）	4	6	5	4		
15	広底寺（末吉町）	14	23	18	17		
16	中薗寺（〃）	14	16	22	21	16	15
	３番組（寺数）	27	20	16	13	8	6
17	牛根境寺（垂水市）	3	5	4			
18	浦川路新原寺（福山町）	11	11	8	6		
19	新原寺（〃）	9	12	11	11	13	15
20	浦川路寺（大隅町）	11	10				
21	梶ヶ野寺（〃）	7	12	14	16	12	
22	新堀寺（福山町）	1					
23	前川内寺（〃）	2	2	1			
24	諏訪方光神寺（末吉町）	2	1				
25	上村寺（財部町）	6	5	6	6		
26	八ヶ代寺（〃）	6	3				
27	通山寺（〃）	8	19	16			
28	猪之川内寺（末吉町）	1					
29	畩ヶ山寺（〃）	10	7				
30	田方寺（〃）	9	5	5	5		
31	坂下寺（〃）		3	7	10	10	12
32	宇都寺（財部町）	6	8	9	9		
33	帯野寺（〃）	3					
34	畠中寺（〃）	2					
35	閉ヶ山寺（〃）	3					
36	川内寺（〃）	3	5	5	6		
37	堂園寺（〃）	36	38	30	30	30	28
38	神崎寺（末吉町）	30	26	29	26	25	22
39	倉岡寺（〃）	7					
40	鶴木寺（〃）	15	13	11	17	15	
41	深川新原寺（〃）	7	5	3	6	5	5
42	深川原口寺（〃）	10					
43	前川内寺（〃）	8	7	8	8	2	2
	役員数　計	462	423	378	300	189	148
	寺数　計	43	35	29	22	13	10

『薩州内場仏飯講必携』より作成

合同総会で展示された講宝物

仏飯講活動として正月や彼岸、報恩講など法座を行い講運営の会合を定期的にもった。

法座　一月　御正忌御座。御講仏様・四幅様を掲げ正信偈を読誦した。

三月　春彼岸御座。御講仏様・四幅様を掲げた。

七月　御講仏様虫干し御座。御講仏様・四幅様を掲げた。

九月　秋彼岸御座。御講仏様・四幅様を掲げた。

十月　御講仏様報恩講。

会合　二月　役員会をもち予算・決算の報告と承認を行った。

三月　上繰献上金および永代経懇志集計の報告をし、代表者が本願寺納入のため上京した。昔は現金を持参していたが近年は安全を考慮して振込み、各講からの上納金名簿を持参した。

四月　仏教婦人会総会

四月　本山献上金および永代経懇志御印証開き。西本願寺から各講員へ発行した領収書を配布した。

十月　四年毎に講大会を開き講長その他役員を改選した。

十二月　忘年会

活動の停止

平成二十一年四月、一番組八所寺の番頭をされていた倉山勝次氏（大正十五年生）を訪ねた。氏は八所寺番頭であり小林の浄土真宗浄信寺の役員も務める熱心な門徒で、春秋の彼岸や七月の御色干し、十二月の報恩講などの行事や講員の通夜には礼服で正信偈読誦などを行い、昭和六十三年（一九八八）に念仏奉仕団、平成六年（一九九四）には仏飯講永代懇志上納として本願寺へ参られた。平成十年（一九九八）門徒百三十戸の八所寺を講員減少で閉じなくてはならなくなったが、同里寺が保有していた四幅や阿弥陀如来像などの宝物は浄信寺へ納められた。これらは同寺資料館に保管展示されている。

平成二十一年四月と五月、二番組三股町上米寺の社頭（番頭）である上西次男氏（昭和二年生）を訪問した。同氏は子どもの頃両親が朝起きたら念仏を唱える姿をみて育ち、国家公務員として県外に勤めておられたが定年退職後帰郷、何のわだかまりもなく内場仏飯講上米寺に入講した熱心な門徒である。

表3　薩州内場仏飯講永代経懇志上納金額

（円）

平成	1　番　組	2　番　組	3　番　組	合　　計
2年	1,010,000	1,753,200	2,530,000	5,293,200
3年	1,044,000	1,679,000	2,453,000	5,158,000
4年	923,500	1,718,000	2,613,900	5,255,400
5年	783,900	1,780,200	2,589,900	5,154,000
6年	630,700	1,800,500	2,180,900	4,612,100
7年	542,500	1,768,500	2,218,900	4,529,900
8年	196,000	1,800,000	2,058,900	4,054,900
9年	224,000	1,699,000	1,586,600	3,509,600
10年	210,000	1,683,700	1,515,700	3,409,400
11年	191,000	1,639,000	1,261,700	3,091,700
12年	202,000	1,612,000	1,171,700	2,985,700
13年	103,000	1,103,700	1,002,200	2,208,900
14年	75,000	1,068,000	785,200	1,928,200
15年	70,000	1,002,000	791,700	1,863,700
計	6,205,600	22,106,800	24,742,300	53,054,700

2番組上西次男氏会計資料より作成

表4　西本願寺より永代経懇志から薩州内場仏飯講へ還元される金額

（円）

平成	1　番　組	2　番　組	3　番　組	計	講会計へ助成	助成合計
2年	128,775	223,533	322,575	674,883	119,358	794,241
3年	133,110	214,073	310,463	657,646	116,055	773,701
4年	117,747	219,045	333,273	670,065	118,246	788,311
5年	99,948	226,976	330,213	657,137	115,965	773,102
6年	80,425	229,564	278,063	588,052	103,772	691,824
7年	69,169	225,484	282,910	577,563	101,922	679,485
8年	20,900	229,600	262,510	513,010	91,253	604,263
9年	28,688	216,573	199,997	445,258	78,583	523,841
10年	26,775	214,612	193,252	434,639	76,801	511,440
11年	24,353	208,973	160,867	394,193	69,563	463,756
12年	25,755	205,530	149,329	380,614	67,178	447,792
13年	13,133	140,722	127,781	281,636	53,000	334,636
14年	9,700	136,200	100,100	246,000	43,000	289,000
15年	5,250	75,150	59,377	139,777	139,223	279,000
計	783,728	2,766,035	31,100,710	6,660,473	1,293,919	7,954,392

永代経懇志に対し講社活動費として15％が西本願寺から助成、そのうち15％が講会計へ

入講して間もない平成二年から仏飯講会計を任された。表3と4は上西氏が記録保管されていた資料から作成したものである。

平成二年の永代経懇志は一番組が百一万円、二番組が百七十五万円、三番組が二百五十三万円計五百二十九万円。組によって金額が異なるのは里寺員数の違い等であり、この頃の里寺数は一番組八寺、二番組が七寺、三番組が二十寺であった。なお、平成二年以前は六百万円を超える上納をしており、平成四年十月一日永代経一億円突破祈念法要を三股町で行っている。

永代経懇志とは故人となった門徒の忌日供養や盆、彼岸など本山での読経に対し自ら差しだす志。

薩州内場仏飯講の場合八所寺とか上米寺など各里寺は、西本願寺直末となることから西本願寺への上納金。信仰が自由になった明治以降、上米地区が属する樺山には本願寺派寺院が所在し上米寺はその門徒となるが、檀那寺を通じても永代経懇志を上納しなくてはならず二重に奉納することになった。

薩州内場仏飯講などのように禁制時代念仏講を組織し、日向直純寺（宮崎市）を取次寺院として永代経懇志を直接本山へ納めていた講社は、明治以降浄土真宗寺院が建立されその門徒になってからもその仕来《しきた》りを維持した。念仏講は本願寺直末の扱いをされ、その扱いは変わらなかった。

室町時代から続いた薩州内場仏飯講も平成十五年に活動を閉じることになった。その理由は、一向宗禁制中信仰が発覚すれば死罪・流罪・拷問などが厳しい処罰が加えられるという時代に、法灯を守り続けた先人の苦労、講の歴史や存在意義を理解する若い人が減少し入講者がいなくなったこと、講員の高齢化が進んだことである。若い後継者がいなく高齢化が進めば必然的に講員減少が生じ講維持が困難となり、また、中には直接本山への懇志上納に加えて檀那寺を通じて上納する懇志と、二重上納への疑問や負担過重を訴えて退会する講員もいたことにもよる。

平成二十一年五月、内場仏飯講が永年所持していた宝物は山之口富吉（都城市山之口町）の安楽寺に預けられた。

野尻内場仏飯講碑

内場仏飯講が明和（一七六四～七二）の頃から始まったとするのに対し、一番組野尻町八所では「明応元年（一四九二）の頃講創設の儀起こる」としている。三股や末吉・財部など二番組、三番組と連携する以前のことで、野尻辺りでは古くから講を結成していたのである。

昭和十六年（一九三一）野尻町八所に建立された「内場仏飯講碑」には次のような碑文がある。

内場仏飯講碑（旧野尻町八所）

「抑モ浄土眞宗ガ吾等ノ祖先ニ伝リ信仰サルル事久シク、名應元年（一四九二）ノ頃ニ至リ講創設ノ儀起リ、永正拾年（一五一三）拾月拾八日本願寺ヨリ仏飯講ノ講名ヲ許サレ、爾来世ノ変遷ニモ不拘《かかわらず》信仰愈々堅固ナリシガ、領主島津義久公ノ代ヨリ浄土眞宗禁制ノ法難起リ詮議甚ダ嚴シカリシモ三股郷藤左衛門・三左衛門氏等良ク護法ニ務メ本派本願寺ヨリ薩州仏飯講ノ講名ト秘宝二尊仏御絵像其他ノ御下賜ノ栄光ニ浴シ、寛政拾年（一七九八）講ヲ三組トナス、時ニ野尻郷四元次郎右衛門、高原郷廣本清右衛門氏等尽力シテ一番組ヲ設立サル、之レ一番組功労者ノ始祖ナリ

惟フニ浄土眞宗禁制ノ為メ命ヲ墜ス者、流罪ニ逢フ者数ヲ知ラズト雖モ熱烈ナル信仰ハ年ト共ニ熾ニ継続サレ明治ノ聖代ニ信仰ノ自由ヲ許サレ吾等ニ及ブ

嗚呼、吾等ハ宗祖ノ広大ナル法恩ト祖先ノ身命ヲ賭シテノ法縁ト血縁ヲ継グ者ニシテ、又、子孫ニ伝フベキ責務ノ大ナルヲ感ジ先士ヲ弔フ為メ碑ヲ建テ略史ヲ記ス

椎屋善左エ門記之

昭和拾六年五月五日

薩州内場佛飯講

一番組建之

（以下略）」

野尻では古くから一向宗信仰が広まり、明応元年（一四九二）頃には講結成の機運が高まり、永正十年（一五一三）に本願寺から許可されたとしているが、南九州で最も早く開創された一向宗寺院は文明八年（一四七六）豊後国高田の専想寺といわれ（第一章第一節）、専想寺創建から十六年後には野尻で講結成機運が高まったとする記述にはやや疑問を投げかける。ただ「永禄五年（一五六二）、真幸院主北原又八郎の死後、その叔父民部少輔と高崎城主白坂下総守などが一向宗徒となり領内が争乱になった」「永禄九年（一五六六）には霧島参りの庄内一向宗徒三百人が焼死した」という記録があり、さらに人

釈憲隆（三左ヱ門）之碑（三股町）

三左ヱ門の法名「釈憲隆」（二番組所蔵）

吉相良晴広は天文二十四年（一五五五）、「一向宗之事、いよいよ法度たるへく候」（以上『宮崎県史通史編近世下』）などと禁止していることから、野尻内場仏飯講の伝承を強《あなが》ち否定はできない。

また、「寛政十年（一七九八）講を三組となす」と記しているが、寛政五年五月上旬勝岡の三左ヱ門と藤左ヱ門が本山に参り御講物を下付されたとする「仏飯講古系図」の記述と符合し、碑建立に当たり古系図を参考にしたことは十分考えられる。本山から帰った三左ヱ門らは野尻の四元次郎右衛門や高原の廣本清右衛門などに講活動の連携を呼びかけ、寛政十年に一番組・二番組・三番組の内場仏飯講を成立させたのであろう。

一番組惣代は高原広原村の広木清右衛門と野尻甘柑山（小林市三ヶ野山）の四元次郎右衛門、二番組惣代は勝岡前目村の武田與八と同原口與市、三番組惣代は財部村の西別府傳兵衛と末吉深川村の川崎七左ヱ門であった。「仏飯講古系図」には各組惣代は初代から七代まで後任者名が系図のように系統立てて記録されている。

内場仏飯講遺徳碑

この碑は「釋憲隆之碑」といい、勝岡の三左ヱ門を顕彰して昭和十一年（一九三六）に二番組が三股町上米満に建立したもので現在は中米満納骨堂に移設されている。

「抑モ仏飯講ノ由来ヲ尋ヌレバ、当地方ハ島津義弘公以来三百年間浄土真宗禁制ナリシガ、三右（左）衛門同行ハ椛山河内邑ニ生レ深ク弥陀ノ本願ヲ喜フ人ナリシモ、当時仏法ハ厳シク之ヲ取リ糺サレタリ、然ルニ安永二年ノ頃ニ至リ仏法漸ク繁盛トナルヤ、勝岡郷蓼池邑藤左衛門同行当時本派本願寺ニ御講ノ願申シ上ゲ仏飯講ノ御名ヲ賜リタルニ依リ、三右（左）衛門ハ寛政五癸丑五月上旬右仏飯講惣代トシテ上京シ御講願申出デタルニ、同年五月二十四日御開山聖人蓮如上人御連座、並ニ文如上人本如上人及ヒ御本尊様ヲ、仏飯講御宝物トシテ御免被仰付タルニ依リ、藤左衛門ト共ニ益々講ノ拡張ニ力ヲ尽セリ、

爾来幾多世相ノ変遷アリシト雖モ、御講ノ御名ヲ賜ハリシヨリ春風秋雨茲ニ三百年ヲ経ル、則チ鹿児島宮崎両県下五郡ニ亙ル今ノ仏飯講則チ是ナリ、依ッテ故人ノ遺徳ヲ追想シ二番組ノ有志広ク講内ニ相諮リ、昭和十一年十二月一日建之」

これは「仏飯講古系図」を参考に記されたと思われほぼ同内容である。この碑は仏飯講の先覚者三

左衛門の功績に対して、昭和十一年（一九三六）四月本願寺より釋憲隆の法名を賜ったことを記念して、仏飯講二番組として上米満公会堂敷地に建立したが、道路拡張により移転を余儀なくされ、昭和五十六年現在地の納骨堂に移転した。

「釋憲隆之碑」が建立された昭和十一年に「釋憲隆之墓」も建立されている。場所は上米満の大村家屋敷の一角、「法名釋憲隆」とある。裏面に「三右（左）衛門ハ安永ノ頃ノ人ニシテ大村門ニ生ル、深ク仏法ヲ喜ビ仏飯講始ルヤ寛政五年（一七九三）五月上京シ御講仏ヲ戴ク、此時本山御堂ニテ法ヲ説キシト、爾来氏ハ単身仏事ヲ事トシ河内同行ノ名アリ、死スルヤ世ニ無キ人トシテ在リタレバ公墓ヲ避ケコノ地ニ埋ム、昭和十一年四月本山ヨリ法名ヲ戴ク、同年十二月十五日略歴ヲ記シ墓石ヲ改ム、内場仏飯講二番組一同」とある。

高崎小牧内場仏飯講

都城市高崎町小牧には薩州内場仏飯講に所属する小牧寺があった。小牧は轟や倉元、三和の一部それに高城の田辺や八久保、西久保の一部の門徒と講を結んでいた。これら諸寺の門徒が念仏洞として使用していた洞がダム湖に沈むことになり、昭和三十六年高崎町轟に記念碑が建立された。現在、砂利採取工場の奥になっており分かりにくいが、そこには自然石に「念仏洞史跡」と刻字した碑と「念仏洞之碑」とある石碑が建立されている。

「慎ンデカエリミルニ宗祖親鸞聖人浄土真宗ヲ開顕下サレテ七百有余年、真宗此地ニ伝エラレテ四百余年、往古ヨリ此ノ地ノ先祖ハアツク浄土真宗ニ皈依《きえ》シテ深ク御教ヲ戴シ、爾来久シキニワタリ法灯ヲ護持シ奉ツテ来タ、然ルニ慶長二年（一五九七）時ノ領主島津義弘公ガ征韓ノ途ニ上ガルニ当タリ、ノコシタ十八カ条ノ掟ニ、一向宗ノ儀先祖以来御禁制之儀ニ候条、彼宗体ニナリ候者ハ曲事《くせごと》タルベキコト、ト定メ、以来薩摩領ニ於テハ一向宗ノ徒ニ対スル詮議ハ殊ノ外キビシク明暦二年ノ法難ニツヅク天保・嘉永・安政ノ法難ニ幾多ノ同行ガソノギセイトナリ、死罪流罪投獄拷問ニ処セラレタ

当時コノ地ノ寺ハ小牧寺ト称シテ、高城ノ田辺・八久保・西久保ノ一部、小牧・轟・倉元・三和ノ一部ノ同行ガコレニ属シテイタガ、此地ニ下小牧権四郎、鶴田武左エ門トイウ不退ノ信仰ニ生キル同行ガアリ、上司ノ見張リノ目ヲサケテ、僻地轟ノ洞穴ニヒソカニ御本尊ヲ安置シ、付近

「念仏洞史跡」（旧高崎町）

念仏洞之碑（旧高崎町）

ノ同行ヲ集メテ、日夜聞法称名ニ余念ガナカツタ
即チ今ハ水底ニ沈ム曽テノ河畔絶壁ノ洞穴ハ明治五年此ノ地ニ真宗解禁ノ布達ガアツテ後、西南ノ役後、真ニ信教ノ自由ガ訪レル迄、切ナル求道ノ心ニモニル同行ニトツテ、カケガエノナイ聞法ノ道場デアツタ
爾来今日迄、此地ノ真宗ノ法縁ニ流レヲクム門信徒ハ、曽テノ先祖ノ苦難ノ歴史ヲ思イ、御法ヲ伝ウルニ数多ノギセイヲ以テシタ先祖ノ苦労ヲ謝シ、ソノイカナル圧迫迫害ニモ消ユルコトナク、久シイ年月ヲモエツヅケタ熱烈ナル信仰ヲシノビナガラ、コノ地ヲ洞ノ河原ト呼ビ親シンデキタノデアルガ、此度、発電所ダム建設ノタメ、コノ先祖ノ苦難ノ血ノ刻マレル□所深キ洞穴モ水没スル所トナツタノデ、洞ノ上部ニ碑ヲ建立シ、永エニ子々孫々ニ相伝エ、弥々仏法ノ世ニ広マルヨウ、ソノ礎石ニモナレカシト念ジテ、同行相ハカリココニ念仏洞碑ヲ建立スルモノデアル
親鸞聖人七百回忌ノ年ニ当タリ之ヲ謹書ス

善長寺三世釈英夫書

昭和三十六年四月一日

世話人　田口信義　赤塚政盛
発起人　小牧寺　下小牧友二
白石　林（外八名略）
倉元寺　田原与作　中島正文

水没直前に行われた小牧内場仏飯講の最後の念仏講
（『かくれ念佛とカヤカベ』）

今村幸夫（外二名略）
西寺　押川光男　佐多重義
田辺寺　永野盛重　木村　伝
石工　外山広作　野口岩雄　」

この洞が水没する直前、洞内で行われた最後の念仏講の写真が『かくれ念佛とカヤカベ』に掲載されている。洞奥に方便法身尊形らしい絵像が掛けられ、その前に香炉などが置いてある。合掌する二十数名が写っているが、カメラ位置からもっと多くの人々が入れる広さであると判断できる。天井部は高く人々が立って移動できる空間が確保されている。

高崎の小牧寺は倉元寺とともに薩州内場仏飯講一番組に所属している。碑文に「当時コノ地ノ寺ハ小牧寺ト称シテ、高城ノ田辺・八久保・西久保ノ一部、小牧・轟・倉元・三和ノ一部ノ同行ガコレニ属シテイタ」とあり、高城の田辺や八久保、高崎の轟や倉元などと共同の講を組織し、水没した念仏洞などで法灯を守ったことを述べているが、これらの地域の仏飯講は小牧や倉元の所属する薩州内場仏飯講を本流とすると、田辺や八久保・西久保、轟や三和などは支流という位置づけになるのであろうか。

倉元寺由来

倉元寺の宝物が高崎江平の善長寺に保管され、その中に昭和三十四年（一九五九）に記された倉元寺由来がある。

「　倉元寺由来

抑我等の倉元寺の伝記を尋ぬるに、倉元寺は薩州内場仏飯講に属して居る寺なり。薩州内場仏飯講は西大谷本願寺の絵下にあり、慎んで我等の宗祖親鸞聖人浄土真宗を開山され、我等の祖先は往古より浄土真宗に帰依し奉り、信仰さるゝこと久しく、然らば明応元年（一四九二）の頃に至り講創設の儀興り、永正十年（一五一三）十月十八日本願寺より仏飯講と言う講名を許さる。爾来、益々宿善目出度くして浄土真宗に帰依し奉り、御法議あつく聴聞致し、金剛堅固の同行多し。

然るに時の薩摩の領主島津義久公の代より廃仏棄釈の法難起り、論議甚だ厳しかりしも、三股郷の藤左衛門氏並に三左衛門氏、良く御真仏の護法に務め、本願寺より薩州内場仏飯講の講名と秘宝二尊御絵像其の他の御下賜の光栄に浴し、寛政年間野尻郷の四元長八氏並に高原郷の廣木清兵衛氏等、仏法禁制の折から浄土真宗に帰依し奉られたれば、検視の役人に目を付けられ身命を捨てらる。又流罪に逢う者数を知らずと雖《いえど》も熱烈なる信仰は益々年と共に継続され、当時我等の寺は小牧寺と称して居り現今の高城町田辺・八久保・西久保の一部、高崎町小牧・轟・倉元・三和の一部の同行一味として、共に益々他力の信心を決定し奉り、仏法禁制の折から此地彼地の山の洞川辺の洞に打隠れ、日々夜々行住座臥をえらばず、常に佛恩に余念なく、然るに明治の聖代に信仰の自由を許さる。

依って老若男女益々御法儀を信じ奉りたれば、高城町に田辺寺、有水に有水西寺を創設し、信仰は専ら繁盛せり。

時に今村正右衛門翁信仰の念厚く信門徒の便宜を詢り、小牧寺より又倉元寺を創設せり。現今は小牧寺より田辺寺・有水西寺・倉元寺の四寺を創設し信仰し奉り、今日に至るまで一味の同行として年再三の各寺の御法要には各寺の招待にあづかり、我等の宗祖聖人の広大なる報恩の法縁を継ぐなり。

我等の倉元寺は此様に創設三百有余年の往古より伝統に誇る法儀相続の寺なり。

時に昭和三十一年に至り、御真仏様の御支度古く仏飯講一番組総代高城町永野盛重氏率先し、信門徒挙って御支度かえの儀相成る。熱烈なる同行直に御懇志を募り、御支度即座に調うに至る。慎んで此処に今日迄の倉元寺の伝記を記して擱《お》く。

昭和三十四年一月

薩州内場仏飯講

昭和参拾四年十月十八日之認　印　」

文章の前半は野尻の仏飯講碑と同じであるが、後半は今村正右衛門という人物が倉元寺を創設し、さらに高城の田辺や有水西などにも里寺結成に努めたことを記している。講創設時期が分からないが、宝物の中に「最勝講縁起」と「最勝講縁起写」があり、「最勝講縁起」には天保三年龍谷二十世釈広如の署名があり、これを倉元寺が本願寺から下付されたものとするなら、天保三年（一八三二）には存在したことになる。

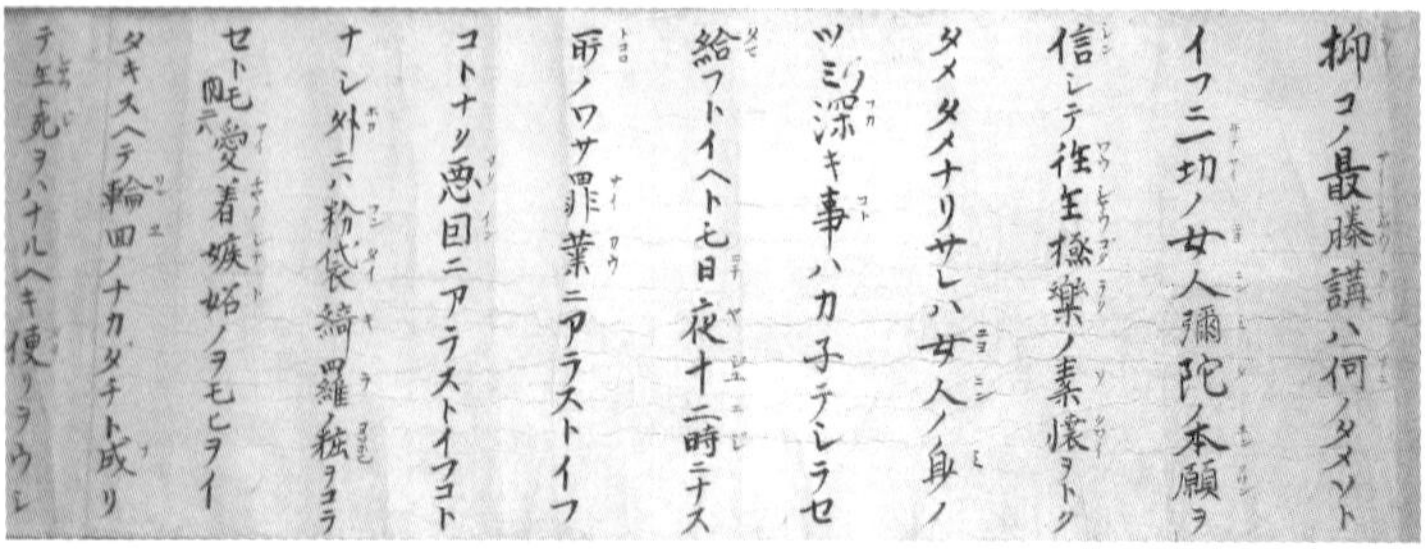
抑コノ最勝講ハ何ノタメソト
イフニ一切ノ女人彌陀ノ本願ヲ
信シテ往生極樂ノ素懐ヲトク
タメ タメナリサレハ女人ノ身ノ
ツミ深キ事ハカ子テシレラセ
給フトイヘトモ日夜十二時ニナス
所ノワサ罪業ニアラストイフ
コトナシ悪因ニアラストイフコト
ナシ外ニハ粉黛綺羅ヲ粧ヨコラ
セトモ内ニハ愛着嫉妬ノヲモヒヲイ
ダキスヘテ輪廻ノナカダチト成リ
テ生死ヲハナルヘキ便リヲウシ

最勝講縁起（旧高崎町善長寺）

最勝講縁起

最勝講は女人講で鹿児島県吉松の三会講にも同様の巻き物が残っている。なお、「最勝講縁起写」は昭和二十三年（一九四八）慶正寺二世宮崎教区初代教区長小野鴻基によるもので、倉元寺の海江田計佐右衛門が依頼したことが書き添えてある。「最勝講縁起」が古くなったことから複製を残す必要があったと推察する。

「抑コノ最勝講ハ何ノタメソトイフニ、一切ノ女人弥陀ノ本願ヲ信シテ往生極楽ノ素懐ヲトクタメナリ、サレハ女人ノ身ノツミノ深キ事ハ、カネテシラセ給フトイヘトモ、日夜十二時ニナス所ノワサ罪業ニアラストイフコトナク、悪因ニアラストイフコトナシ、外ニハ粉袋《ふんたい》綺羅《きら》ノ粧《よそおい》ヲコラセトモ、内ニハ愛着嫉妬ノヲモヒヲイタキ、スヘテ輪回ノナカタチト成リテ、生死ヲハナルヘキ便リヲウシナヘリ、五障ノ雲サヘキリテ真如ノ月ヲオホヒ、三従ノ風アラクシテ菩提ノ花ヲチラス、爰ヲモテ経論ノ中ニモシハシハ女人業障ノフカキコトヲアラハシテ、永ク成仏ノ縁ナキコトヲ示シタマヘリ、

コ、ニ阿弥陀如来斗コソ、カ、ル女人ノ身ヲ助ケムト、第三十五ノ願ニ女人成仏ヲチカヒ玉ヘリ、シカレハ一切ノ女人コソ仏ノ本願ヲ信シテ、ウタカフコ、ロナクハカナラス極楽ニ往生スヘシトナリ、其本願ヲ信スルトイフハ、何ノムツカシキコトソトイフニ、カネテ聴聞ノトヲリモロモロノ雑行雑修トテ、本願ニアラサルヲコナヒヲヤメテ、専修専念ニ二心ナク阿弥陀如来ヲタノミ奉、御助一定往生治定《ちじょう》トオモヒ定テ、露ホトモウタカヒノ心ナキヲ、他力信心ヲ得タルトハ申ナリ、コノ信スル心モ念スル心モ弥陀如来ノ御方便ヨリオコサシムルモノナレハ、イサ、カモ凡夫垢穢《こうあい》ノ妄情ヲハコフニアラス、タ、仏智ノ不思議ト信シテ如来ニ帰入スヘキ斗《ばかり》ニテ候、シカリトイヘトモトニカクニ疑ノ心フカキハ如質ノナラヒニ候ヘハ、予モコ、ロヲイタマシムルハタ、コノ一事也、カルカユヘニ中興上人モ懇ニシメシタマヒテ女人ノ身ハイカニ真実心ニナリタリトイフトモ、ウタカヒノコ、ロフカクシテ、マタ物ナントイマワシクヲモフコ、ロハ更ニウセカタク、マタ子孫ナントノコトニヨソヘテモ、只今生ニノミフケリテ、コレホトニハヤ目ニ見ヘテ、アタナル人間界ノ老少不定ノサカイトシリナカラ、唯今三途八難ニシツマンコトヲハ、露チリホ

トモ心ニカケスシテ、イタツラニアカシクラスハ、コレ常ノ人ノナラヒナリ、浅マシキトイフモヲロカナリト深ク歎キ玉ヘリ、コヒネカワクハ一宗ノ女人、コノ金言ヲアフキ奉リテ、一日モ片時モイソキテ他力真実ノ信心ヲ獲得セシメ、命終ニ変成男子ノ誓願ニタカワス、報土往生ノ真因ヲ證悟セン事アニ楽シカラメヤハ、然ハ雨山ニコフムリ奉ル広大難思ノ仏恩ヲ案シテ、春ノ花ノモト秋ノ月ノ前、旅ノ別レ終ノ傷マテニツケテ、ヲモヒ出シツ、報謝ノ称名怠リタマフヘカラス、コノ外ニハサタメ置レル世間ノ道国ノ掟ニソムカス、内心ニハ他力ノ信心ヲタクワヘラレ候ヒテ、如実ニ法義相続シテ念仏申サン人ヲコソ、善導ハ人中ノ希有人最勝人トモホメタマヒ、聖人ハ御同朋御同行トモ仰セラレ候ヘハ、イヨイヨ堅固ニ信心ヲトリテ、ナカクコノ講退転ナキ様ト 希　処《こいねがうところ》ニ候ナリ

アナカシコ、アナカシコ

天保三壬辰歳仲秋

龍谷二十世釈広如　御判

諸国　最勝講江」

倉元寺宝物にはこの他に親鸞聖人絵像、阿弥陀如来絵像、高僧和讃などが残されている。

九州薩州日向内場仏飯講

都城市山田町脇之馬場から東南へ二、三百メートルほど行った所に記念碑が建っている。正面に

内場仏飯講記念碑（旧山田町）

「内場仏飯講記念碑」とあり、側面に次のような碑文がある。

「惟《おもんみ》ルニ仏飯講ノ濫觴《らんしょう》ハ甚ダ往昔ニ属シ、当時ノ事情ハ文献ニ定カナラズト雖モ、口碑並ニ安永二年（一七七三）以後ノ現存史料ニ依レバ満田長八翁創設以来、既ニ二百有余年ノ歴史ヲ有スルモノナリ、本講ハ初メ仏飯講ト称セラレシガ、後故アリテ九州薩州日向仏飯講ト改名セラレ今日ニ及ベリ、由来本講ハ有縁ノ同行相聚マリ仏恩報謝、愛山護法ノ懇念ニヨリ結成セラレシモノナルハ論ヲ俟タザル所ナリ、抑々コノ伝説久シキニ亘ルノ歴史ヲ按ズルニ、ソノ間ノ維持容易ニ非ザルモノアリ、当地久シク念仏禁制ニ遇ヒタル処ナレバ、本講護持ニ付キテノ千辛万苦ノ様、言語ニ絶セリ、時ニ刎頸《ふんけい》ニ処セラルルモノ、マタ或ハ遠島流罪ニ値フモノ亦ソノ数ヲ知ラズ、カヽル悲惨極リナキ苦刑迫害ヲ敢テ耐ヘ忍ビ、ヒタスラ念仏行者ノ道ニ精進シ、克ク今日マデ本講ノ護持セラレシハ偏ヘニ是仏祖冥助ノ致ス所ナレ共、亦先士ノ労忘ルルベカラズ、カヽル尊キ本講ニ有縁ノモノ宜敷一致協力、愈々仏恩報謝ノ懇念ヲ抽《ぬき》ンデ、本講護持ニ専念セザルベカラズ、コレ現当ニ亘リテ蒙ル広大ナル仏恩ニコタヘ奉ル唯一ノ道ニシテ、亦先士ニ対スル感謝追弔トモナリヌベシ、茲ニ碑ヲ樹テ、本講ノ由来ヲ銘スル事カクノ如シ

「内場仏飯講建之

昭和十四年十二月十六日

紀元二千五百九十九年」

この碑銘から二百年くらい前に満田長八という人物が仏領講を創設したことが分かる。この講は初め「内場仏飯講」と称していたが、「九州薩州日向仏飯講」と改称されている。「故あって」とだけ述べ理由は記していない。

この碑にはこの講社を構成した里寺が刻んである。脇ノ馬場、大古川、竹脇、長谷、木之川内、上椎屋、石風呂、具位川内、濱之段、北田、古江、谷頭二手、野々美谷、四方界、薄谷、十萬寺、牛之臑、尾首山、渡司、郷ヶ原、世足志、関之尾、小牧、鍋、笛ヶ水、小岩屋、脇園、中尾、新田場、中谷、清水、縄瀬の三十二の里寺で構成され、その範囲は旧山田町を中心に都城市の一部、旧高崎町、鹿児島県国分市にまで及んでいる。記念碑に「内場仏飯講」とあるが、野尻から高崎、三股、財部、福山辺りに里寺をもつ薩州内場仏飯講とは里寺分布が異なること、講を組織した人物が満田長八であることなどから別組織、講社名を替えさせられたのは「薩州内場仏飯講」から紛らわしいと苦情があったのかもしれない。

平成五年現在の組織は、講長・副講長・書記・会計を選び、年中行事として一月五日から十五日にかけて「御座廻り」、四月八日に「御降誕祭」、七月二十二日に「虫干法要」、十一月十一日に「報恩講」を行っている。それぞれの行事のときは、親鸞と四幅（親鸞聖人一代記）を飾って祀り盛大に行われ、運営は講社負担金（上納金）の還元金（一〇〜一五パーセント）と若干の会費および賽銭で賄われる

（『都城市史民俗編』）。

東仏飯講

東仏飯講は富吉・川内・麓（旧山之口町）、蓼池・田上・長田（三股町）、大井手・穂満坊・桜木・原中（旧高城町）の人々が構成、この講創立には飫肥藩清武郷安楽寺僧大学が関わっている。

蓼池の隠れ念仏洞に昭和八年に建立された讃誓碑がある。

「　讃誓碑

当地方ハ藩主島津義弘公以来三百余年間、浄土真宗禁制ニシテ若シ之ヲ犯シタルモノハ獄刑流罪死刑等ノ重キ制定ナリシモ、吾等ノ祖先福永庄蔵、原口與作、山中喜助、橋口粂助、野崎喜助、福永直市、野崎助次郎、池畑甚左ヱ門、堂村勇助、南畑休右ヱ門、山中甚兵エ氏等ハ該法ヲ犯シテマデ、清武村安楽寺住職佐々木大学師ヲ仰ギ、諸所ノ関所ヲ避ケ深山ヲ繞リ彼我ノ□回ノ往復ヲナシ、尚人目ヲ忍ブ為ニハ地下室ヲ設ケル等、□（其）苦心憶《おも》フベシ、偶《たまたま》明治九年斛（解）禁セラレタルニヨリ、近来青年輩ノ或徒ニ於テハ漸ク其信仰浮薄ニ流レ動モスレバ、世ニハ本宗ヲ去リテ他宗ニ化セントスルモノサヘアリト聞ク、豈慨嘆ノ至リナ

讃誓碑（三股町蓼池）

ラズヤ、因テ吾等同志ハ之ニ鑑ミ相諮テ吾等ノ子々孫々ニ至ルマデ、長《とこし》ヘニ祖先ノ遺風ヲ尊ビ其遺志ニ副《そ》ハンコトヲ誓ヒ、以テ此碑ヲ建ツ

昭和八年三月十五日

野崎龍之進　撰」

この碑銘から東仏飯講結成には、福永庄蔵や原口與作、山中喜助、橋口粂助、野崎喜助、福永直市、野崎助次郎、池畑甚左ヱ門、堂村勇助、南畑休右ヱ門、山中甚兵エらが、江戸時代一向宗信仰が自由であった飫肥藩清武郷の一向宗寺院安楽寺と連絡を取り合ったことが分かる。同寺住職深道（大学）は身の危険も顧みず藩境である青井岳を越え、蓼池や高城門徒の信仰を支援、講結成を促した。門徒たちは蓼池や田島の隠れ念仏洞で大学から法義を聞き正信偈読誦をしたのであろう。

本願寺派安楽寺は安政三年（一八五六）、飫肥藩清武郷木原村田上（清武町）に佐々木深道を開基として創建された。天保年間（一八三〇～四四）頃から薩摩藩による一向宗弾圧が厳しくなり、後に山之口など諸県地方から数多くの門徒が安楽寺を頼ってきた。潜入してきた門徒たちを本堂床下の地下室にかくまい開拓を斡旋するとともに、名を変え姿を変えて諸県地方の門徒へ地下伝道を続け（『宮崎県の地名』）、禁制が解けた明治二十六年（一八九三）乞われて山之口町富吉に寺を移した（第四章参照）。

三　九州椎茸講と人吉藩の動向

九州椎茸講と松求麻椎茸講

小林市の北部、須木、木浦木、岡原、永久津、深草、橋満、上ノ園、橋谷、大久保、種子田、松田、飯野の十二寺（里寺）で九州椎茸講が発足したと伝える。

現在、九州椎茸講は休講しているが、講長をされていた深草哲夫氏宅に保管してある宝物に、「文久三癸亥年四月十八日」と墨書されている親鸞聖人絵像がある。その裏書には記年銘の他に「釋廣如（花押）」「大谷本願寺親鸞聖人真影」「須木椎茸講」の文字があり、九州椎茸講が結成される前、椎茸講は幕末、須木で始まった講が元になっていたことが推測できる。

文久三年（一八六三）といえば、薩摩藩の一向宗禁制による、天保六年（一八三五）の大法難から二十八年経過したとはいえ、まだまだ厳しい弾圧が加えられている時期である。須木は四方を山地で囲まれ、北西部は人吉藩球磨（熊本県）と接し、山岳地を越えれば現在のあさぎり町や湯前町に出ることが可能、須木椎茸講は球磨地方の隠れ門徒と交流を持ったと思われる。

九州椎茸講所有の宝物に蓮如上人絵像があり、それには「釋廣如（花押）」「本願寺蓮如畫像」「慶應三丁卯年五月二十一日」「九州松求麻椎茸講物」と墨書され、松求麻椎茸講から寄贈された絵像と推

釈蓮如絵像（九州椎茸講）

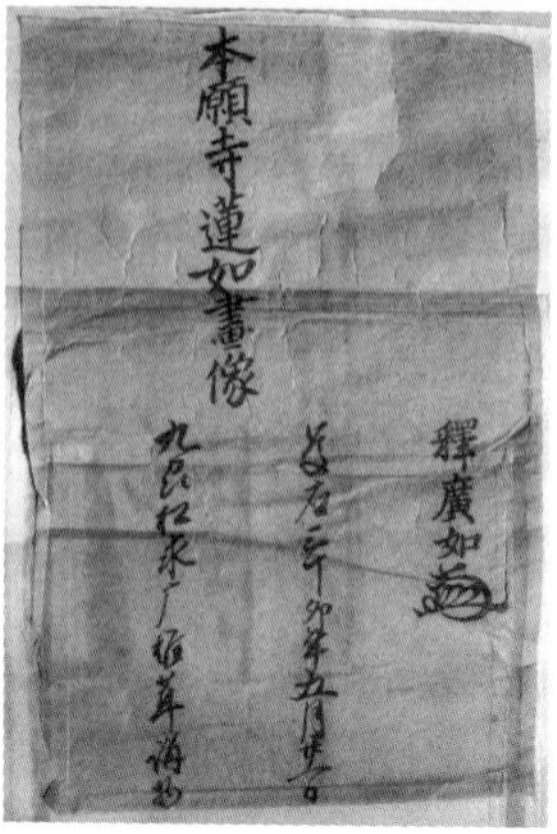

「九州松求麻椎茸講物」の墨書

察されるが、松求麻椎茸講はどこに存在していたのか。人吉相良氏は薩摩島津氏とともに一向宗禁制を実施し領内隠れ門徒弾圧をしていたことから、当初、松求麻椎茸講は弾圧されていた球磨講社の一つと想定しながらも、講社そのものが弾圧され他藩の薩摩領内門徒を支援する余裕があるのかという疑問もあった。

『復刻増補熊本県球磨郡人吉市真宗開教史』の真宗弘道の項に、九州における真宗寺院建立の歴史が記述してあり、球磨郡について以下のような記述がある。

「しからば、本郡（球磨郡）における真宗寺院はいかん。実は記録をたどって見ても真宗寺院は一箇所も発見することが出来ない。ただ山江村大字万江字城内別府に往古、真宗の道場があって、今なお寺跡が存しているが、相良氏の禁制法度に追われて、八代郡上松求麻村大字坂本に道場を移し、いわゆる秘密門徒と称して代々ひそかに法悦に浴していたという。」

松求麻椎茸講は球磨郡の講社にはなく、上松求麻（八代市）の隠れ門徒であったことが分かった。現在、上松隈西福寺組織に北山講があるそうだが、松求麻椎茸講との関係は分からない。ともかく、須木椎茸講は八代郡の講社と交流があったのである。球磨郡内に存在した仏飯講や肥後相続講、十七日講、二十八日講、上球磨二十八日講などとの交流は現在の時点で不明である。

深草哲夫氏保管の宝物には広如上人の絵像もあり、それには「寺務釋光尊（花押）」「本願寺前住廣如畫像」「明治九年六月三日」「九州須木椎茸講物」と裏書してある。講社名が「須木椎茸講」から「九州椎茸講」と変わっているが、これは里寺が須木だけでなく、永久津や深草など小林北部に拡大し、講名が須木椎茸講ではカバーできなくなったからであろう。

さらに九州椎茸講は飯野（えびの市）へも拡大したと推察され、講開始を知らせる鉦が九州椎茸講に保存されている。飯野村二日市の金次郎という者が寄進したもので、鉦の縁に「奉奇（ママ）進　明治二十七年七月吉日　飯野村大字前田　本二日市金次郎」の刻字がある。

幕末、須木村で始まった椎茸講は松求麻椎茸講の支援を得ながら、小林北部へと講勢力を広げ明治中期にはえびの市飯野辺りまで里寺を拡大している。

「御印書」

九州椎茸講は正月十五日の「御年取り」から十二月の「報恩講」まで年七、八回の仏事を行っていた。当時は信仰心が厚く、門徒は「仏様」を「親様」と呼び、亡き肉親と再会する気持ちで積極的に講活動に参加した。しかし、時代が流れ生活や生業の多様化が進むと共に講の存在も薄れ、昭和十年代後半から里寺単位の脱退が進み、昭和三十年代には脱退が目立って多くなり現在は永久津だけとなった。昭和三十年代までは年間七、八回の仏事を行っていたのだが、四十年代には三月のくり座（年度決算）と七月の御色干し、それに十二月の報恩講の三回となり、さらに平成十年頃は報恩講のみとなった。かつて仏事は各里寺の輪番で行っていたが、現在は永久津寺だけとなり永久津を四区に分けて、輪番で報恩講を行っているということであった。

九州椎茸講には絵像の他に文書が残っている。御印書と御印書写しでこれを紹介する。

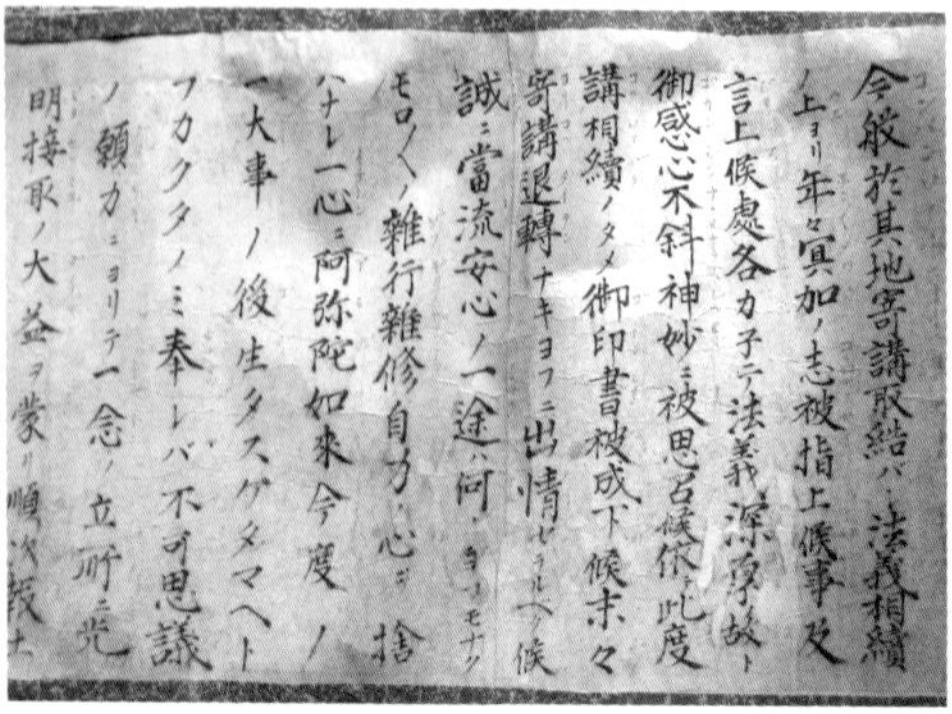
今般於其地寄講取結バ法義相續
ノ上ヨリ年々冥加ノ志被指上候事及
言上候處各カ子テ法義深厚ノ故ト
御感心不斜神妙ニ被思召候依テ此度
講相續ノタメ御印書被成下候末々
寄講退轉ナキヨフニ出情セラルヘク候
誠ニ當流安心ノ一途ハ何ノユフモナク
モロモロノ雑行雑修自力ノ心ヲ捨
ハナレ一心ニ阿弥陀如来今度ノ
一大事ノ後生タスケタマヘト
フカクタノミ奉レバ不可思議
ノ願力ニヨリテ一念ノ立所ニ光
明摂取ノ大益ヲ蒙リ順次報土

御印書（九州椎茸講）

「　御印書

今般於其地寄講取結バレ法義相続ノ上ヨリ年々冥加ノ志被差上候事及言上候処、各カネテ法義深厚ノ故ト御感心不斜神妙ニ被思召候、依テ此度講相続ノタメ御印書被成下候、末々寄講退転ナキヨフニ出情セラルベク候、誠ニ当流安心ノ一途ハ何ノユフモナクモロモロノ雑行雑修自力ノ心ヲ捨ハナレ一心ニ阿弥陀如来今度ノ一大事ノ後生タスケタマヘトフカクタノミ奉レバ、不可思議ノ願力ニヨリテ一念ノ立所ニ光明接取ノ大益ヲ蒙リ、順次往生ヲ遂シメマモウフコト疑アルベカラズ、此信決定ノ上ニハ王法国法ヲ守リ、地頭領主ヲ思ンジカギリアル年貢等ヲ具ニ沙汰シ、存命ノ間ハ法義無油断相続セラレ仏恩報謝ノ称名被相嗜可被遂、今度ノ報土往生ノ素懐事肝要ノ旨被仰出候、依テ被顕御印書候者也

九州椎茸講

「御印書写し

今般其地に於いて寄講取結ばれ法義相続きの上より年々冥加の志差上げられ候事言上に及び候処、各かねて法義深厚の故と御感心斜めならず神妙に思し召され候、依って此度講相続きのため御印書成し下され候、末々寄講退転なきように出情せらるべく候、誠に当流安心の一途は何のようもなくもろもろの雑行雑修自力の心を捨てばなれ一心に阿弥陀如来今度の一大事の後生たすけたまえとふかくたのみ奉れば、不可思議の願力によりて一念の立所に光明接取の大益を蒙り、順次往生を遂げしめたもうこと疑いあるべからず、此信決定の上には王法国法を守り、地頭領主を思んじかぎりある年貢等を具に沙汰し、存命の間は法義油断なく相続せられ仏恩報謝の称名相嗜まれ遂げらるべく、今度の報土往生の素懐事肝要の旨仰せ出だされ候、依って御印書顕され候者也

九州須木椎茸講」

人吉藩の一向宗禁制

小林市から飯野にかけて存在した九州椎茸講の前身になっている須木椎茸講とつながりがあった松求麻椎茸講に関連して、人吉藩の一向宗禁制について簡単に述べる。

人吉藩相良氏が一向宗を禁止したのは、弘治元年（一五五五）二月七日、相良晴広が式目百二十一ヶ条の中で「一向宗之事、彌法度たるべく候、既に加賀の白山もえ（燃え）候説々顕然候事」と布達してからである。

享保十年（一七二五）七月八日、二十五代相良長在のときにも家中式制を発している。

「切支丹宗門の事厳禁、毎年春秋両度是を改むと云へども、若し不審なる者有之にては早速申出べき事

附、一向宗の事当家代々是を禁ず、猶更制禁を加ふべき事」

というものである。なお、永正年間（一五〇四〜一二）相良十三代長毎が法度式目四十一ヶ条を出し、それに一向宗禁制があったとされているが、文書所在が不明で内容詳細は分からないという。

宝暦十一年（一七六一）の記録に切支丹奉行というのが四名置かれ、これを普通宗門奉行と言っており、公儀禁制の切支丹は勿論一向宗も奉行の監視下に置かれていた。相良長在時代に制定した「御読み聞せ」は毎年正月七日、村々の仮屋に一統を集め六十三ヶ条の禁止文を読んで心得を諭した。

この頃、禁制宗取締りとして一村一人宛ての盗賊方と称する探索係を置き、その下に御手当と非常役という集落に一人宛ての取締りを配置して監視体制を組織したが、御手当と非常役は集落で信望の

ある者から選ばれていたので、自然集落での法度も目溢《めこぼ》しになることが多かった。御手当と非常役の中には内々一向宗に帰依する者もあって、秘密法座や信仰者も目立たぬ程度であれば知らぬ振りをしていたという。

しかし、盗賊方は奉行所直参であったこともあり探索が厳しかった。刑罰も軽いのは叩き放しで済ませるが、重罪者には入牢、追放、闕所《けっしょ》、流罪、斬首など極刑も行い、本尊や諸仏具など取り上げ焼き捨てたのである。

球磨地方の講

天保の頃になると、神瀬の徳右衛門は潜行して球磨郡では山田、原田、渡、大村、人吉、上村、久米など、葦北郡では田浦、湯浦、弓田という広範囲にわたって伝道を行っている。こうした活動をうけてこの地方にも講活動が生まれてきている。球磨地方には次のような講社が存在した。

仏飯講――山江村山田の福田静行氏所蔵の御印章写しがある。これによると仏飯講は二十八日講の流れを汲み、新たに山田村の伝助が世話方となり興したことが分かる。講を組織して最初の上納金銀三百匁（六十六万円程）を献納したときの御印章で、「申九月二十一日」「肥後球磨二十八日仏飯講門徒中」「世話人伝助」などの文字がある。この申年を安永五年（一七七六）とすると、山田伝助が処刑された天明二年（一七八二）の六年前となり、仏飯講創設が余りに遅いということになり明和元年（一七六四）であろうとされている。そうすると明和年間には仏飯講は立ち上げられていることになる。

伝助の死後仏飯講は解散し、弘化三年（一八四六）肥後阿蘇郡草部村（高森町）正光寺住職一行が球磨郡の伝導に努め、仏飯講も再興され今日に及んでいる。講は上下二組に分かれ、講員はそれぞれ三百余名、毎月講元を順次に移して会合し示談談合している。

肥後相続講――この講の成立年代は判明していないが、球磨郡神瀬村（球磨村）に徳右衛門という者がおり、この人物は密かに伝導を行い、宗義開拓に奔走して肥後相続講を組織したとされている。講員八百余名、西本願寺への冥加金は八代の安養寺を取次として毎年上納していたと伝える。

二十八日講――この講は肥後相続講に包含され、一武・西村の門徒を中心に組織されるが成立年代は明確でない。御印章は天保十二年（一八四一）六月二十六日、御講仏は同年七月四日に本山から下付されていることから天保年間には存在したと言える。創立者は一武村の山本平太郎と伝えられている。

上球磨二十八日講――黒肥地村の川野村衛門が講頭となり、奔走して近村百四十一戸を講員に加え、新たに二十八日講を組織した。文久二年（一八六二）には蓮如上人絵像が下付されている。

人吉藩の状況について、『薩摩國諸記』に一か所記載してある。

文化十五年（一八一八）薩州内場焼香講の森右衛門・済右衛門連名で、宮崎直純寺を通し本願寺へ願い出たものである。人吉藩は従前から一向宗は禁制となっていたが、二十八日仏飯講を結成し密かに法座を開いていた。ところが三十七年前（天明元年頃）厳重な取締りがあり死罪に処せられた者がでた。

そのため断絶していたがまた追々復興の兆しがみえ、信者も増加してきたことから門主の御印書を下付して欲しいというものである。

この二十八日仏飯講は大畑《おこば》の講のことで、大畑は薩摩藩加久藤（えびの市）に接し法座を共に開くこともあったのであろう。『薩摩國諸記』には球磨と薩摩の講社、例えば九州求摩仏飯講と九州鹿児島燈明講、相良仏飯講と須木椎茸講などが共に活動していることを窺わせる記録を散見する。

なお、人吉藩相良氏の一向宗取締りは、隣藩薩摩に比べれば緩慢であったという。

四　焼香講

日向大隅内場焼香講

口碑によると信仰が自由となり、明治六年（一八七三）加久藤（えびの市）の東長江浦永山某の世話で講が結成された。範囲は小林・飯野・加久藤・真幸（以上宮崎県）、吉松・栗野・溝辺・加治木（以上鹿児島県）と広範囲に及び、明治の末頃小寺（講を構成する最小集団。単に寺ともいい、講によっては里寺ともいう）は三十三を数え、本願寺より日向大隅内場焼香講の講社名を下付された。

明治・大正・昭和と仏事を続けたが、昭和五十年（一九七五）頃より年々休寺する小寺が増え、平成になると残った小寺も数が少なくなって講社行事の維持が困難となり、平成十年四月役員協議の結果一時休講することを決め、宝物は小林市南西方轟木の吉村長氏に保管を依頼した。

明治六年宮崎県は信仰が自由になるが、鹿児島県は同九年まで信仰の自由が認められず、江戸時代と同様に一向宗門徒の摘発を行っていた。吉松・栗野・溝辺・加治木などの講結成は明治九年以降と推察する。

毎年三月講長ら講の代表者は本願寺に参り小寺から集めた懇志を納めた。金額は昭和の終わり頃三十万円位であった。

隠れ念仏洞（小林市孝の子）

昭和六十年、鹿児島・宮崎・熊本を対象とした南九州講社連合協議会が本願寺主導で結成され、都城の摂護寺で年一回会を持ったがこの時集まった門徒は約三百人であった。

孝の子地区の小寺は永野寺といい二十戸が加入していた。年中行事として一月四日の餅割があり、番役宅へ門徒は集まり大晦日に供えた鏡餅をおろして雑煮にして食べた。役員は午前中準備、午後一時頃から御座があり、後は懇親会であった。五月四日門徒は手料理を詰めた重箱と焼酎を持参し御開山御誕生を祝い、七月はお色干しと言って仏具の掃除、虫干しを行い十二月報恩講をした。

焼香講

今房・横市・高木（以上都城市）、梅北・豊満・稚児石（以上都城市中郷）、小鷺巣（三股町）、乙房・平田・千草（以上都城市庄内）、下水流・森田（同志和池）、上江平・下江平（同高崎町）など十四か所の里寺で構成された。創立年代は不明とされているが文化三年（一八〇六）の墨筆が伝わっているという。

薩州内場焼香講

この講は昭和四十六年（一九七二）頃は存在、講組として庄内東組（都城市高城・志和池）、庄内西組（同庄内・西岳）、野尻組（小林市野尻）、小林組（小林・野尻一部）、真幸組（えびの市加久藤・真幸）、栗野組（鹿児島県始良郡栗野・牧園一部）、踊組（同牧園・日当山・加治木一部）、加治木組（同溝辺）と、宮崎県西部から鹿児島県大隅辺りまで広がっていた。

明治初年頃は鹿児島県側有馬甚右衛門と宮崎県側中立八弥の二名で世話していたが、経営が困難なため講を八組に分け、各組に世話係一名、担当者と副担当者各一名を置くことにした（『かくれ念佛とカヤカベ』）。

日向国・大隅国元焼香講

この講は天正十五年（一五八七）を講設立とし、講域は庄内東組・庄内西組・野尻組・小林組・真幸（以上宮崎県）、栗野・踊・加治木（以上鹿児島県）、明治前期は有馬甚右衛門（鹿児島県）と中立八弥（宮崎県）の二名で世話していたが、経営維持が困難となり講を八組に分けそれぞれに役員を置いた。

加治木組初代有馬甚右衛門、踊組初代横山甚吾左衛門、栗野組初代石野田喜左衛門、真幸組初代中立八弥、小林組初代堀次郎太、野尻組初代菊野仲次郎、庄内東組初代新地松兵衛、庄内西組初代中島長蔵であった。講域や役員名が同じであることからこの日向国・大隅国元焼香講は前項の薩州内場焼香講と同一組織であることが分かる。

昭和十九年の状況

・小林組が窪田・大出水・大久保・平ノ前・鬮野《ひばりの》・西ノ村・木場・岩瀬・西佐里の九里寺で三百四十二戸
・野尻組は栗須・猿瀬・跡瀬・境別府・天ケ谷・今別府・切畑の七里寺で三百十八戸
・真幸組は門前・岡元・西長江浦・栗下の四里寺で百四十七戸
・庄内東組は下水流・巣立・縄瀬・岩満・石山・有水・四家の七里寺で二百九十六戸
・庄内西組は世足志・今屋・今平・持田の四里寺で二百二十一戸
・加治木組が竹山・小山田・川津原・岩穴門・赤水・小原門・犬童・市ノ野の八里寺で百八十五戸
・踊組（牧園組）が三縄新・白崎・持松・荒田・嘉例川元・市後柄・母ケ野・横瀬の八里寺で二百六戸
・栗野組は栗野町・田尾原・清水・折田・北方久米田・竹牟礼・水窪・有村・三縄元の里寺で二百七十六戸。

昭和三十八年（一九六三）には組織改正を行ったとみえ、初代講長に始良郡加治木の石原新、昭和四十九年には溝辺の山崎寅熊を議長に選出している。平成九年に小林の堀敬二を議長に選んだが、その後役員を出していないことから平成十年頃には活動を休止したものと思われる。ただ、小林組内野は平成十八年までの里寺役員が選出されていることから、この頃までは里寺として活動していたことが分かる。

元焼香講の宝物は現在浄信寺資料館（小林市）に展示されている。なお「焼香講」を称する講社が日

元焼香講宝物（浄信寺資料館）

向大隅内場焼香講とか焼香講、薩州内場焼香講、日向国・大隅国元焼香講などがあり、これらの関係は分からない。ただ薩州内場焼香講は明治初期に分離し日向国・大隅国元焼香講と新焼香講に分かれたという（『法輪』第三号）。

小林地方では文化年間から天保年間（一八〇四～四三）にかけて盛んに講が組織された。仏飯講・焼香講・椎茸講・御鏡講・蠟燭講・三会講などでそのうち最も大きな組織は焼香講で、構成員は栗野・加治木・末吉（以上鹿児島県）辺りにまで及んだ。焼香講は内場焼香講を本流とし、北諸県郡にある元焼香講や新焼香講は支流と思われる。この講は内場仏飯講や菱刈烟草講と姉妹講として密接に連なっており、本山交渉にもこの三講は連名している（『小林市史』）。

五　隠れ念仏講と信仰

薩摩藩全体で七十余講

本願寺の末端組織である講社は、一向宗禁制の厳しい薩摩藩内で極秘裡に次々に結ばれ、領内全体で七十余講に達したという。

講が苛酷な弾圧の中で幾度か摘発されながらも連綿と続いてきたのは、信仰心の強さは言うまでもないが、それに加えて当時の強固な村組織によるところが大きかった。村落共同体を離れて暮らしを営むことは不可能、屋根の葺き替え、道や溝の普請、葬式から法事までの地区付き合い、日常生活、生産活動のすべてが村人の協力なしにはできなかった。

また、薩摩人に顕著であった身分差別、例えば士であっても鹿児島士と外城郷士、郷士間でも麓郷士と在方郷士の差別は確たるもので、百姓にあっても門の名頭と名子、名子と要夫にも歴然とした序列があったし、同身分の地位にあっても年齢による上下関係は越え難いものであった。現に筆者が昭和四十年代前半山之口小学校在勤時、当直室での酒座で議論が伯仲すると、諸県出身の年配教師（複数）は「議を言うなッ」と一喝、後輩教師の口を塞ぐのをしばしば経験した。家庭では戸主が最初に入浴、次に男児と男らの入浴が済んでから女が入るとか、物干し竿は男女の別があるという性差別、他所では考えられない風習が依然として残っていた。

こうした薩摩の風土、慣習の中での隠れ念仏の講員は相互の関係を重んじた。地区や集団の中では当然のことながら個人の意思よりも集落や家族との連携が大で、一人の背信者があったとするとそれは直ちに共同体や家族に連動した。そういう中、村人が最も恐れたのはゴジュッパナシ（郷中放し・村八分）で、目に見えない不文律・村の掟があったという。これに関しても校長として都城赴任中に類似の経験をした。行政や教育界その他歴々との宴会に出席する機会があったが、その場で必ず「盆地は一つ」という一言が、一種合言葉の如く乾杯時に発せられた。都城の結束を謳いあげるのであるが、他所者にとってこの言葉は違和感があり疎外感を抱かせた。

禁制下で秘密結社である講に村こぞって入講するというのは、集団からの離脱を許さない、身分や地位、年上の命令には絶対従わなくてはならないという風土があったからであろう。

「愚かな小民」

もう一つの疑問、信仰が自由となった明治九年以降もなぜ講を維持し、里から離れた洞や土蔵などに集まって念仏を唱えたかということである。

明治九年（一八七六）八月八日、西本願寺の石上暁了は宮崎県に宗教対策を願いでている。その中で諸県郡は我が真宗が信仰されるのはたいへん盛んであるが、その弊害も少なからずあるとし、それで説教規則を作成したので許容して欲しいと願い出たのである。

その弊害とは、本山の許可なく無資格で教導して村々を廻る者がいる。また、門徒が集合し恰も禁制中の隠れ念仏に類似する行為をなし、或いは旧社頭（番頭）として門徒の長となり、或いは夜間集合する（傍点筆者）などである。この弊害を除去したいが依然として除けないのは、「過半愚昧ノ小民ニシテ、世ノ文明ニ赴クヲ知ラズ、人ノ開化ニ進ムヲ顧リミズ、一ニ旧習ニ拘泥シ其ノ面目ヲ改メザルヨリ起リ、或ハ帰依ノ者其法ヲ聞クニ切ナルヨリ、伝道者ノ真偽ヲ問フニ暇ナク猥リニ之ヲ聞ク、伝道者モ亦随テ之ヲ誑惑《きょうわく》ス」として、八か条を提出した。

一、朝暮ニ所奉ノ尊形ヲ礼拝スベキ事

一、予メ其日ヲ定メ、毎月一回一町村限リニ信徒相会シ法味ヲ愛楽スベキ事

一、毎村ニ真宗世話掛一名ヲ置キ信徒ノ取締致スベキ事。但シ百戸以上ノケ所ハ、其都合ニヨリ両三人ヲ立ルコトモアルベシ

一、旧社頭ノ名ヲ以テ信徒ノ長ニ立チ決シテ曖昧ノ所業アルベカラザル事

一、帰依ノ者応分ノ信施ヲ運ブハ勿論ト雖モ或ハ非分ノ財ヲ募リ、或ハ不信仰ノ者ニ勘財スル等、決シテ相ナラズ事

一、僧侶ノ説教聴聞ハ必印鑑所持ノ者ニ限レバ、無印鑑並ニ無教導職ノ者ニ決シテ関係相ナラズ事

一、真宗ノ教規ニ戻ル者ハ断然信徒ニ加ヘザル事

一、真宗ノ教規ハ真俗二諦ニシテ、身ニ政令人道ヲ守リ心ニ仏智ヲ了得シ二世ニ誤リナキヲ以、始メテ真宗ノ行者トス。殊ニ日新ノ恩政ニ幸遇シ互ニ自主ノ権利ヲ得、共ニ知識ノ開達ヲ競フ時ナ

レバ謹《つつしん》テ朝旨県令ヲ奉ジ堅ク区戸長ノ懇論ニ随ヒ、宜シク一身ノ幸福ヲ求メ深ク仏祖ノ垂解ヲ仰ギ、親シク僧侶ノ指揮ヲ受ケ顕幽ニ世ヲ全フスベキヤウニ屹度相心得ベキ事

（『血染めの都城真宗史』）

新しい時代になったのにもかかわらず門徒たちは江戸時代から続けた隠れ念仏にこだわり続けたのである。これに対して本願寺は「（念仏講の者たちの）殆どは世の中が開けていくことも分からない愚かな小民で旧習に拘り、真宗僧侶の法話より隠れ念仏講の番頭の話をよく聞く。随って番頭も講員をたぶらかし惑わしている」ので説教規則を作って欲しいと八か条を願いでた。

これに対し県は第二条は各区長と協議して適当に決めること、第三条は削除、その他は原文通りということで八月二十六日付で許可している。しかしその時すでに鹿児島県に合併されていたので、宮崎県時代の認可がどれだけ活用されたかは不明である。

本願寺は行政を利用して講社つまり江戸時代から続いた隠れ念仏講を潰し、門徒→真宗寺院→本願寺という組織改編を画策していたのである。

禁制時の薩摩念仏講（講社）は他地域の講社と異なって、真宗寺院門徒という経験は当然ない。薩摩藩内には真宗寺院が存在しなかったので、日向や肥後の真宗寺を取次として本願寺と関連を保つが、それら寺院門徒としてではなく薩摩内各講社は本願寺直末という関係であった。石上暁了はこれから都城・西諸県に建立される真宗寺住職が困惑しないよう前もって、門徒→寺→本願寺という他ではごく普通の門徒と檀那寺の関係への地ならしを試みたのであろう。明治十年以降、本願寺の指示で日向

に遣ってくる僧侶に配慮し、講社が本山に直結する関係を断とうとする行為だったのであろう。だが、禁制下に生命を賭して信仰を維持し貧困の中に多額を上納した隠れ門徒を、本願寺は「愚昧ノ小民」とみていたとは、あらためて考えさせられる。

守り通した誇り

宮崎市金崎に仏持ちと呼ばれる浄土真宗門徒が六軒ある。金崎集落は地区行事などの参加などから上中下の三地域に分けられているが、仏持ちはその地域に意図的に配置されたように案分されている。金崎地区は仏持ち以外はその多くが曹洞宗朝倉寺の檀徒で、檀徒の葬儀など朝倉寺住職が行う仏事に仏持ちが参加する。仏持ちの家に終戦直後頃まで、江戸時代薩摩から田野へ逃げてきた門徒集団が、夜分人目につかぬよう金崎の仏持ちを訪問、家人には挨拶もせず無言で家に上がり込み仏壇に向かって読経した。帰るときも黙って足音を忍ばせて去ったと伝える（この仏持ちについては五章で詳しく述べる）。

江戸時代、飫肥藩清武郷は一向宗信仰の自由が認められ、田野に西導寺、清武に松尾寺とか安楽寺などの寺院が存在、逃亡してきた薩摩隠れ門徒はこれら寺院の門徒になっていたので一向宗信仰は誰の目も気にしなくてよい環境であったはず。でも、直線距離一六キロもある金崎仏持ちの阿弥陀如来絵像拝みに通ったのか疑問であったが、薩摩隠れ念仏門徒が明治九年以降、信教自由が保障されようになってからも禁制時の信仰形態を維持したことと同様ではないかと考える。

信教が自由になり晴れて正信偈読誦ができる喜びはあるが、夜密かに仲間と念仏することの方がより法味に浸れる、親鸞聖人の教えに近づけると感じたのではないか。捕縛の恐怖、張りつめた緊張の中、極秘裡に信仰を維持した禁制の頃の信仰形態の方が濃密であると感じたのではないか。

または、禁制であった時代、薩摩領内には一人の真宗僧もいなかったので、村で文字が読める者を里寺の番頭（社頭）に選び、その番頭が教義や経文などを指導したもので、ある種独特の薩摩隠れ門徒信仰団体が出来上がっていたとも想像できる。信教自由後に旧薩摩領に入ってきた真宗僧は本来の信仰姿に修正しようと努力したと思われるが、長年続けてきた隠れ念仏信仰形態は石上暁了が指摘したように変えなかったのである。

念仏講員の中には、厳しい弾圧の中で法灯を絶やさず守ってきたことへの強い誇りを持ち、信仰自由が認められて他所から来た真宗寺院僧侶と一線を画す感情が現在も垣間見ることができる。例えば講社で読誦する正信偈の抑揚と浄土真宗寺院での読誦抑揚は若干異なるというが決して直さないし、講社が本願寺直末であることも大きな要因となっている。上納金は寺院を通さず講代表が本山へ持参、直接納めるという江戸時代からの仕来りを維持し、講社は檀那寺と同格という意識が強く、これに対し住職によってはその意識を嫌うことがあり、三股町のある社頭（番頭）は檀那寺住職と口論となり、他の真宗寺院門徒にかわった事例がある（傍点筆者）。

第四章　諸県の隠れ念仏講と日向

——隠れ門徒を支援した真宗寺院——

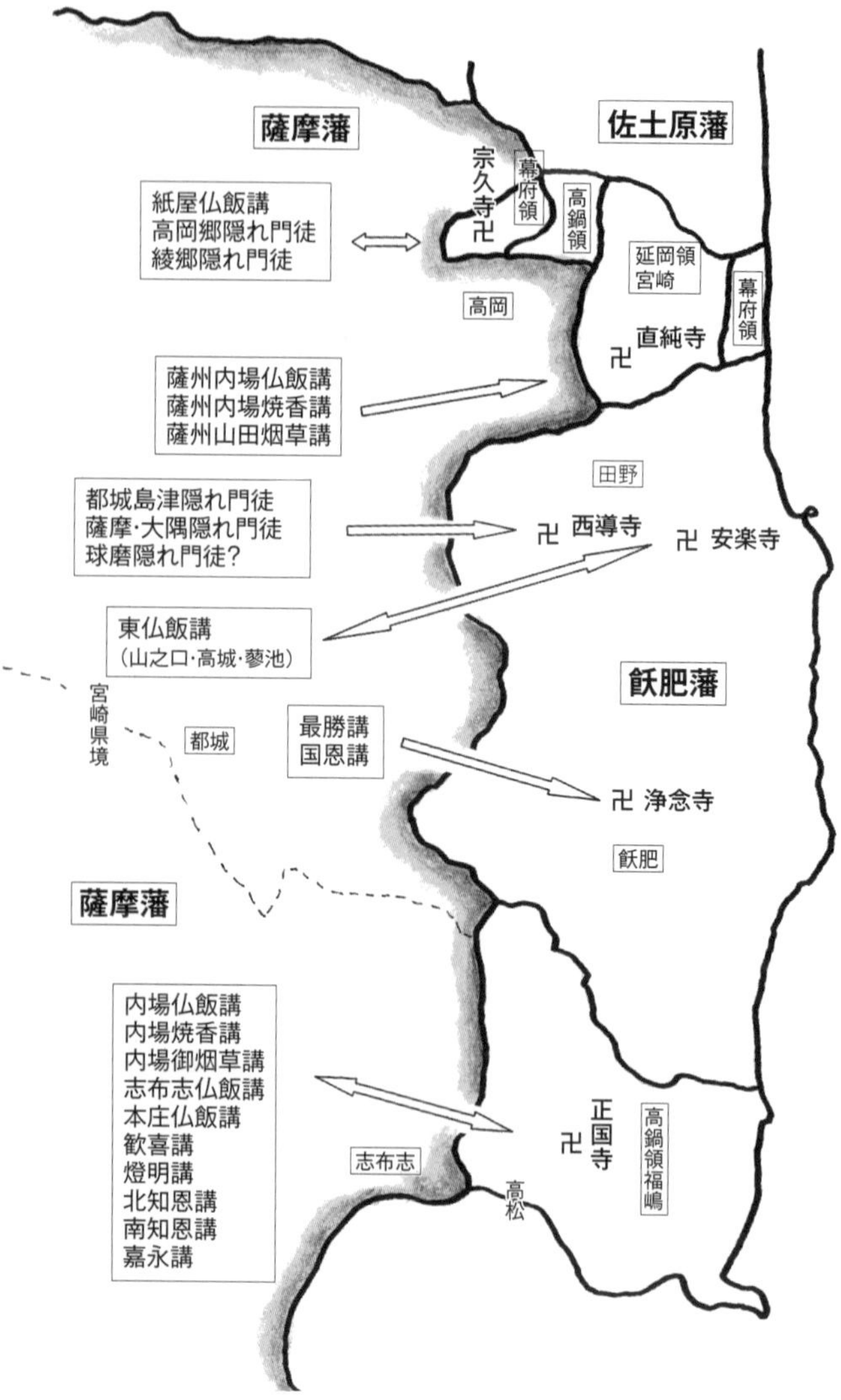

図３　薩摩の隠れ念仏講と、支援した日向真宗寺院

一　宮崎直純寺

延岡藩飛び地であった宮崎に浄土真宗直純寺がある。正保四年（一六四七）十一月六日、延岡城主有馬左衛門佐直純の創立。慶長十九年（一六一四）有馬直純は肥前高来より延岡に封ぜられるが、飛び地宮崎に外教や異教が流布しているのを憂えた。人心が乱れているのを正すために、出家して大坂にいた門解を招請して開山した。門解は宮崎城主であった権藤種盛の孫である。門解の父つまり種盛の子永伝も直純寺に招かれ延岡光勝寺の二代目住職になっていた。

浄土真宗直純寺（宮崎市）　内場仏飯講などの取次寺であった

有馬直純が延岡に入封する以前、天正十五年（一五八七）豊臣秀吉の島津討伐後の国割で、豊前国香春《かわら》（福岡県）の高橋元種は県《あがた》（延岡）に五万石を封ぜられた。所領は延岡、高千穂・宮崎・本庄（国富町）・穂北（西都市）などであった。

宮崎には高橋元種の臣権藤種盛を守将として置いていたが、慶長五年（一六〇〇）関ヶ原戦のとき、東軍側の飫肥伊東祐兵は西軍側高橋元種の宮崎城を、伊東の臣清武城主稲津掃部助《かもんのすけ》をして攻め一夜で落城させた。権藤種盛とその嫡男仲右衛門、次男八右衛門は討ち死に、幼かった永伝は落ちのびて親兄弟を慰霊するために僧籍に入ったのである。

直純寺は創建当初光勝寺と号し、正保四年（一六四七）直純の子康純が直純寺に改めたと伝える。明治四年（一八七一）には廃寺となるが同十一年復寺している。

外教・異教流布を憂えたとあるが、外教とは切支丹宗門のこと、異教とは帯解《おびとき》法門のことである。帯解法門とは御蔵法門・庫裏法門・夜中法門とか布団被り・菰被《こもかぶ》りなどといわれるものと同一、親鸞の教義内容を故意に曲解した教義によって成立したもので、独特の経典がつくられていた。夜中、屏風に囲まれた密室に入り、体力的にも随分と修行（難行・苦行）を伴う動作を為し、果ては心身ともに疲労困憊《こんぱい》、朦朧《もうろう》となったときを見計らって、善知識様といわれる人物から入信の秘事が授けられる仕組みである。

屏風囲いの中に入る前、男も女も堅くて窮屈な帯の類を解いて修行の間屏風に掛けて置く。このことから「おびとき」なる名称が生まれたが、延岡領宮崎に流布していた秘事法門は、「投げ掛けた帯の末を男女二人に取らせ、其夜の夫婦と定め候由」とある（『近世御仕置集成』）。門解の努力で宮崎の外教・異教は一掃されたといわれる。

内場三講の直純寺取次

薩摩西目口の一向宗門徒は密かに越境し、水俣や天草の一向宗寺院に参るなど関係をもったが、日向諸県や大隅の門徒は東目口の日向諸藩の一向宗寺院を頼った。直純寺を取次として本願寺と関係を保ったのは、薩州内場仏飯講と同内場焼香講、それに同山田烟草講の三講であった。

文化十一年（一八一四）に内場仏飯講惣代の佐助と次郎右衛門は本山に嘆願書を提出している（『薩摩國諸記』）。

「文化八年直純寺住職が餘間という僧位になったが二年後に急死した。餘間になるには結構上納金が必要であったが、後継の幼い実子に同じ僧位を継がせたいが金がないと直純寺門徒が嘆いている。私ども仏飯講の者も気の毒に思っている。何とか格別の御慈悲をもって直純寺門徒の願いのとおり仰せ付けられるようにお願いします。自分たち仏飯講からも礼銀の協力をしたい」という内容で、仏飯講と直純寺の親密な関係をみることができる。

文化十三年（一八一六）八月、薩州内場仏飯講惣代の治良左衛門、薩州内場焼香講惣代の盛右衛門、薩州山田烟草講惣代の甚左衛門は直純寺の取次で、本山への上納金督促に対して申し立てている。「講の本尊を小寄講に巡回する努力をしたいが、国制が厳しく法難にあっている村々もあり、未だ行き届かない村もある」、「この度冥加銀十二貫目（凡そ四十万円）を上納しますが、うち銀十貫目は上納し、残り二貫目は年々急度上納しますので、恐れながら申し上げます」というものである。

嘉永三年（一八五〇）直純寺を通して懇志上納したことで本山から六字尊号を講へ下すという文書が届いている。「焼香講・烟草講・仏飯講からの懇志がこれまで途絶えていたが、近年追々潤ってきて御法義も相続させ、この度もそれぞれ懇志を上納してきたことは、神妙で満足に思う。就いては思召しをもって三講へ六字尊号を一幅ずつ御染筆なし下す」（『薩摩國諸記』）というものである。

文化十三年（一八一六）から嘉永三年（一八五〇）までの三十四年の間、本山と内場三講の間にはあまり懇志上納がなかったとみえる。この間には薩摩藩領では天保六年（一八三五）の前代未聞の大法難が起きており、講を運営することも懇志を上納することもできなかったのであろう。天保六年から十三年も経って、それまで息を潜めるようにしていた門徒も漸く活動を開始して懇志を上納したもので、本山は講に対して「殊勝」なことであるとして六字名号を下付した。講を構成している里寺には法難にあって絵像などを摘発された所も多々あったのである。

二　福嶋正国寺

正国寺は福嶋西方（串間市）にあり本願寺直末、慶長十二年（一六〇七）宗徳が開山した。福嶋は高鍋藩の飛び地で薩摩藩志布志と境を接しており、内之浦・串良・志布志・岩川・末吉・松山・月野・市成（鹿児島県）など大隅の門徒が密かに参拝した。この福嶋正国寺参拝を「イッコシュガエ（一向宗通い）」と大隅の人々は言った。

しかし、薩摩と福嶋の間には夏井と八郎ヶ野に境目番所が、石原・毘砂ヶ野・後谷・馬庭・大川内・田床・川原田など藩境集落に辺路番所があり（第一章参照）通行が困難であったため、染物屋と称しあるいは福嶋村の神社で行われる「火《ひ》の舞《め》」見物と称して番所を通行した。そのため正国寺付近は紺屋が繁昌したという。

浄土真宗正国寺山門（串間市）

正国寺は有明湾に面し、薩摩境から二里（八キロ）位の位置にあったため、海路志布志から福嶋へ向かうこともあり、「福嶋村字松津」には案内者がいたという。

また、山越えの場合は川原田や田床等の辺路番所を避け、笠祇神社（串間市）への山路を通り福嶋の笠祇村へ下りた。

志布志など大隅の門徒は正国寺を取次として本山への上納や本尊申請を行った。これらの経路その他種々の方法で脱出した門徒はさらに上方へ赴き、本山に参詣し本尊聖経類を受下したのである（『鹿児島縣史第二巻』）。

火の舞

「日向那珂郡福島村の西本願寺派正国寺は有明湾に臨み、薩藩境を出る事二里の位置にあり。内之浦・串良・志布志・岩川・末吉・松山・月野・市成等の門徒が此処に参詣・聞法したといふ。陸路は夏井番所があり通過困難であったから、或は染物屋と称し、或は福島村の神社で行われる火の舞を見物すると称して通行した。ために正国寺付近は紺屋が繁昌したといふ。」（『鹿児島縣史第二巻』）

『大隅町誌』や『末吉郷土史』、『吾平町誌下巻』などは、『鹿児島縣史』を引用し、日向福島の正国寺に参るため、「紺屋に行く」「火の舞を見に行く」などの理由で越境したことを記している。

火の舞は串間市北方の北神社で現在も行われる。北神社の祭神は木花咲耶姫。天平四年（七三二）の創建と伝え江戸時代は神領四石五斗を給された。火の舞は木花咲耶姫が夫瓊々杵命から貞操を疑われ、無戸室《うつむろ》に火を放って彦火火出見命など三神を産んだ神話に基づく。この神事は毎年旧暦十二月二十日の夜に行われ、福嶋・大束・本城・都井・北方・市木五か村の神職の子弟が務めた。戦後しばらく途

高松湊の舟繋ぎ岩。綱を通した穴が残る

絶えていたが昭和五十七年頃復活した。

神事に参加する神官は禊《みそぎ》をして交代で二十日間社務所に籠る。この間俗人と一切言葉を交わさず炊事は男が行った。神事に用いる薪は羽ヶ瀬と前田の青年団が交代で奉納し、境内に径一間ほどの円錐形に積み上げ火をつける。燃え尽きて熾火《おきび》になるとそれを二間四方に広げ、神殿から神官が素足で駆け寄り、その熾火の上を笛太鼓に合わせて縦横、十文字に素早く渡り、最後に熾火を両手ですくい上げ頭上で振り落とす。全身に火の粉を浴びるが衣服も焼けず火傷もしない。明治四十年頃、舞の途中神官が目を火傷して盲目になり、それ以降、熾火の上での神事は止めその周囲を廻る神事にかわった。この火の舞は木花咲耶姫の出産を表すといい、昔は飫肥や志布志から多くの参拝があったという（島田節次氏・古川幸吉氏論文）。

『鹿児島縣史』に「海路は、志布志から福島村字松津に渡った」とある「字松津」が郷土史研究者の話題になった。福嶋に「字松津」という湊がなく、高松の誤記ではないか。確かに高松には江戸時代に湊があり物資や人の交流があり、それを監視する高鍋藩の津口番所があった。津口番所役人の子孫が現在も同地に居られ、正国寺第十四代住職が言われたこととして、津口番所の子孫は代々正国寺門徒つまり一向宗信者であったこと、そのため薩摩から正国寺へ参拝にくる一向宗信者には理解があったのであろうと『大隅』に記されている。

正国寺隠居僧蘭

嘉永年間（一八四八〜五三）に入ると天保六年（一八三五）に発生した大法難も治まり、本願寺からの使僧派遣が目立ってくる。派遣目的は法難で中絶した講の復興であった。この背景には本願寺の財政立て直しにおける諸国門徒の財的支援の一環として、薩摩門徒に期待する経済的意味も含まれていた（『薩摩國諸記』解題）。

正国寺は大隅辺りの隠れ門徒参拝を単に受け入れただけでなく、積極的にこれらの地域に潜入して講結成に尽力した。それらの講からの懇志上納や尊像受領の取次を行った。

嘉永三年（一八五〇）三月十八日、筑前明勝寺が本願寺へ差し出した言上書に次のような記録がある。

「一、日向・福嶋立山村正国寺俊（僧）蘭、嘉永講組立て、講名御印書嘆願一通。

右は講名無く上納も仕り来り候。昨年は拾弐両上納の由、御印書抜見致し候。何卒思召しを以ってこの度講名御印書御下し願い奉り候。

昨年取締并組立の新講

御印鑑当節に付、弐枚つゝ御下奉願上候　　内場仏飯講

同断　　同　焼香講

此一講は下り居り候　　同　御烟草講

御印鑑当節御下奉願　志布志仏飯講
同断　本庄仏飯講
同断　歓喜講
同断　燈明講
同断　北知恩講
同断　南知恩講
同断　嘉永講
此講は御世話方未だ決まらず、御印鑑は追て、御願申上べく候」（『薩摩國諸記』）

昨年というから嘉永二年には内場仏飯講や焼香講など十の講を組み立てている。どのように薩摩へ入っていたのか九州出役重誓寺が報告している。

一、入国の僧
一、肥後熊本順正寺殿寺内向岸寺三男性真、右は昨夏より入国
一、同国天草鬼地光明寺次男善定、右は西照寺心海、同道にて昨秋より入国
一、同国茅北源光寺弟子蘭恵、右は昨春より入国
一、同寺弟子紫明、右は同寺同道にて入国
一、豊後竹田領、身分相分からず法名実名、右は昨春より入国
一、同国竹田、寺号相分からず四男龍円、右は昨夏入国

僧蘭墓（正国寺）　大隅に潜入し講社を支援した

一、日向福島正国寺隠居松（僧）蘭、昨夏より入
国、右昨冬出国

正国寺隠居僧蘭については「昨夏より入国、昨冬出国」とあり、嘉永二年の夏から薩摩に入国、同年冬に無事出国している。

『薩摩國諸記』には正国寺僧蘭を「俊蘭」とか「松蘭」と表記していることから正国寺を訪問した際確認した。前住職が同寺境内一隅にある歴代住職墓地に案内された。そこには僧蘭と記された墓石もあり、『薩摩國諸記』にある「俊蘭」「松蘭」は「僧蘭」である。

なお、九州出役重誓寺は前述八名の薩摩潜入に対して、「薩州へ私の趣意にて入込み居り候て、重誓寺御用先、差し妨げの趣に付、願いの通り御召状遣わせられ候様」と願い出ている。八人は西本願寺から認められた使僧ではなく、重誓寺の活動に差し障りがあると願い出るのであるが、これは互いの勢力争いなのかと推測する。

薩摩から逃亡した一向宗門徒

信仰の自由を求めて日向国福嶋大束（串間市）へ逃れ住んだという伝承が残っている。

噌唹・肝付（鹿児島県）方面では、日向南那珂郡福嶋村の本願寺派正国寺に、内之浦、串良、志布志、岩川、末吉、松山、月野、市成等の門徒も参詣し仏法を聞いたといい、また一向宗の迫害が烈しいので正国寺参拝に行ったきり向こうに居ついた人もいたということを伝えている（『大隅町誌』）。

福嶋は高鍋藩の飛び地、薩摩藩外で仏教（一向宗）は自由であったので、末吉からもそこの寺正国寺に参った人が多かった。福嶋に行った人に末吉の六町の人が幾人かあったといわれている。古老の話によると、諏訪方六町の某は福嶋の人となり、後迫中留門の中之迫善助も飫肥に難を逃れて、明治三十年頃になって郷里へ帰ってきたという（『末吉郷土史』）。

正国寺を訪問したとき、薩摩藩から逃げてきて正国寺門徒になった記録はないか、現在鹿児島県に門徒はいないかを井手英彰前住職にお尋ねした。移住してきたと思われる人々が大束辺りにいること、鹿児島県の門徒は明治の頃志布志にいたが現在は志布志の浄土真宗寺院の門徒になっていることを話された。大束辺りは現在浄土真宗誓願寺（正国寺住職建立）の門徒となっているが、かつて正国寺門徒であった頃、次のような特徴のある門徒がいることに気付かれたという。

○江戸時代の墓を持たない。
○先祖のことを話さない。
○大きく立派な仏壇をもつ。
○信仰心に篤く報恩講を確実につとめる。

吉田家一族は鹿児島吉田村から移住してきたと伝え大束外行に住んでいる。森家一族は知覧から移

八郎ヶ野境目番所址（志布志市）

り住んだと伝え揚原に住んでいる。島田家一族は大口から移住したと伝え、中別府に住む。谷口家一族は吉田村出身、園田に住む。

大束以外、笠祇地区にも薩摩から移住してきたと思われる家があるという。宮崎市の浄土真宗西教寺井上了達住職は教師として串間市に奉職されていたが、笠祇に信仰が強く立派な仏壇を持つなど大束の一族と似たような一族がいることを知り、薩摩から移住してきた門徒ではないかと思ったと話された。

笠祇は鹿児島県境近くに位置し、志布志や松山など大隅の門徒が陸路で正国寺へ参るルートに当たり、八郎ヶ野や大川内、田床、川原田など番所役人の目を避け笠祇山を越えてくると笠祇に至ることから、この地に薩摩領内の門徒が移住することは十分考えられる。

串間市中心地から西北へ七キロほど行くと奴久見集落、奴久見のすぐ西は県境となっており、奴久見から車で大隅地方に向かうと驚くほど近くに県境、そして農村がある。柳井谷という。こんな近くに鹿児島県側つまり薩摩藩の集落があるのかと驚く。笠祇は直線で二キロの距離、柳井谷・奴久見・笠祇は婚姻関係をもつなど交流があるということを聞いた。柳井谷集落を進むと道脇石垣の上に「柳井谷番所跡」の標柱が見え、藩境に接する村でありもっともなことと納得した次第であった。

三　飫肥浄念寺

飫肥伊東氏と一向宗

高鍋藩や佐土原藩が軽度の弾圧や規制をしているなか、飫肥藩だけは江戸時代をとおして布教が公認され、城下には本願寺派浄念寺が領内本寺として存在した。飫肥藩には浄念寺を藩内本寺として法名寺・安心寺・円心寺・大蔵寺（日南市）、宝泉寺・真光寺・長昌寺・明照寺・巌泉寺（宮崎市）、松尾寺・長明寺・安楽寺、妙栄寺（旧清武町）などの末寺があった。他に一向宗寺院は西教寺（大阪堺慈光寺末・宮崎市）と西導寺（旧田野町）があり、飫肥藩内には十六か寺の本願寺派寺院であった。

伝伊東義祐墓（大阪堺慈光寺）

飫肥藩が一向宗信仰を許していたのは藩主伊東氏が和泉国堺の一向宗慈光寺と深い因縁があったからである。天正五年（一五七七）都於郡の伊東義祐（藩祖伊東祐兵父親）は島津氏に追われて豊後に落ち、その後大坂へ出るが同十三年大坂堺で果てている。このとき葬られたのが慈光寺であった。このことから一向宗布教を認めていたのである。ただ、藩内他宗寺院は藩から寺格に応じて寺禄を給されていたが、一向宗寺院は無禄であった。

嘉永六年（一八五三）十月二日、平部嶠南は大坂堺の慈光寺に参っている。

「此寺ニ三位公ノ墓ト唱フル石塔アリ、日向略記ニ云、三位公ハ堺ノ濱ニ病臥シテ居玉フ、御内ノ者折節其辺ヲ通リ此由ヲ聞テ御供シテ屋敷ニ帰リ医療ヲ尽シ玉ヘ共験ナフシテ卒去シ玉フト」「其頃日州辺ヨリ僧参リ候ニ弔ハセ玉ヘリ、是ニ由テ祐兵公日州御帰参ノ後此僧ヲ以テ雪山和尚ト号シ報恩寺ノ住持開山ト被成タル」（『六鄰荘日誌』）

三位入道つまり義祐の最期については明確ではなく、息子祐兵は羽柴秀吉に仕えていた頃で父義祐とは行動を共にしていない。義祐正妻の供が堺の浜を通りかかったとき義祐が病に臥せっていることを知り加療したが亡くなり、丁度その頃日向から来ていた僧に弔わせたというものである。義祐の死は平部嶠南の慈光寺参詣から二百七十数年も前のこと、藩も明確には把握しておらず、嶠南が慈光寺住職に訊ねているが寺移転もありよく分からないと話している。

最勝講と国恩講の取次寺院・浄念寺

浄念寺は他の五宗派領内本寺と比較すると格式が低く、飫肥城内での法要で登城するとき、色法衣を着用する他宗住職に比し、見劣りし常に末座に控えた。藩寺社奉行佐土原藤五郎は浄念寺の寺格向上を筑前国（福岡県）明勝寺を介して本山に願い出た。丁度この頃、一向宗寺院の日向国諸役交代があ

浄土真宗浄念寺（日南市）　飫肥領内本寺であった

り、浄念寺は妙専寺（延岡市）や直純寺（宮崎市）とともに目付に任じられ、寺格向上を果たした浄念寺は、妙専寺同様一代限り色法衣着用ができるようになった（『宮崎県史通史編近世上』）。

本願寺が任命した役職は目付に浄念寺（飫肥）、その下に御取締を置き福嶋の正国寺と田野の西導寺、その下に御世話方として清武の長明寺、同松尾寺、そして飫肥殿所の大蔵寺が置かれた。

飫肥城下の浄念寺は最勝講と国恩講の取次寺院であった。

「取次の三ヶ村最勝講講名願い先納の通り御下しに相なりおり候ところ、国恩講繁昌につき、最勝講にては男の分差し障り候につき、男女一同美敷講会取り結び度候につき、この度国恩講と改め、講名下され度」（『薩摩國諸記』）と講名下付を願い出ている。最勝講は女だけの講（女人講）で、門主釈広如の時代に最勝講結成を奨めた文書が存在する。

「抑コノ最勝講ハ何ノタメトイフニ、一切ノ女人弥陀ノ本願ヲ信シテ、往生極楽の素懐ヲトクベキタメナリ、サレハ女人ノ身ノ罪深キコトハ、カネテシラセ給フトイヘドモ日夜十二時ニナス所ノワサ、罪業ニアラストイフコトナク悪因ニアラストイフコトナシ（中略）内心ニハ他力信心ヲ深クタクワヘラレ候テ、如実ニ法義相続シテ、念仏ヲ申サシ人ヲコソ、善導八人中ノ稀有人最勝人トモホメタマヒ、聖人ハ御同明御同行トモオホセラレ候ヘハ、イヨイヨ堅固ニ信心ヲトリテ、永クコノ講退転ナキヨウ希フトコロニ候ナリ、アナカシコアナカシコ

天保三壬辰歳仲秋　　竜谷寺務第二十世釈広如

諸国　最勝講中」

これは諸国に下付されたとみえ旧吉松町や旧高崎町に残っている。最勝講の系統を引くともいうべき組織が、薩州内場仏飯講三番組財部町深川堂園寺や同神埼寺に残っている。

浄念寺が本願寺に取次いだ文書が『薩摩國諸記』にある。

「嘉永三年三月十八日差出言上書

一歎願一冊

右は日向飫肥領酒谷村観知取り次にて、十五、六人申し合、何無く講御取り持ち申し来たり候由、然るに講名これ無きの事、手元歎出候につき、即ち歎願の通り聞き届け置き、右につき以来昨酉年四年に、三歩弐朱だけ上納居り申し候、御印書そのまま差し上げ奉り候間、講名御冥加先納として御通し御下し願い上げ奉り候、尤も御通上番は下され候、日向三ヶ村知恩講と御書下可被下候

奉窺上口上書　　日向国飫肥城下浄念寺　黙了」

四　清武安楽寺——清武郷内の一向宗寺院㈠

江戸時代、清武や田野、大淀川右岸の赤江や折生迫も含めて清武郷といった。飫肥藩五万一千石のうちおよそ二万石を支える清武郷は、城下飫肥との間に北郷の山々が連なり、いわば飛び地的位置関係にあり飫肥より治政が徹底せず緩やかであったと推察する。これは清武郷に限ったことではなく飛び地であった高鍋藩福嶋や延岡藩宮崎、幕府領本庄も同様であった。

清武郷内には長昌寺（郡司分）・西教寺（熊野）・明照寺（加江田）・明栄寺（清武）・長明寺（清武）・松尾寺（清武）・安楽寺（清武）・西導寺（田野）があった。

安楽寺跡碑（旧清武町木原）

これらの寺院は薩摩領（都城島津）山之口や高城などと接し、中でも田野西導寺や清武安楽寺は薩摩門徒との関係が深かった。

清武の安楽寺は一向宗禁制であった山之口に越境し隠れ門徒の信仰を支えたと伝える。安楽寺を頼って清武に逃げていった話を大井手（旧高城町）で伝えている。

時代は幕末、中村甚右衛門は捕われる危険を感じ、妻と二人で山之口の山路を仏を背負って逃げていった。十二月の寒い夜であったが夜明けまでには飫肥藩内に逃げ込まなくてはと必死に歩き本尊は清武に安置された。明治九年（一八七六）信仰が自由になり、甚右衛門夫婦は本尊を奉持し、天下晴れて大井手に帰り小屋を作って住んでいた。しかし、いつ頃からか所在が分からなくなり、いつどこで死んだのか知る人もないまま時代は過ぎた。

昭和三十一年、大井手の大久保佐太郎氏は山之口の安楽寺で次のような話を聞いた。安楽寺住職佐々木家の墓石を清武から山之口に移すとき、二基の墓を持参して高城の中村武二氏に渡した。佐々木家では、二つの墓石は薩摩の老夫婦信者の墓で同家墓石同様に扱っていたという（『かくれ念佛とカヤカベ』）。

明治時代となり都城や鹿児島県の一向宗信仰が解禁され、安楽寺は山之口や高城の門徒に乞われて明治二十六年（一八九三）清武から山之口富吉へ移っている。

坂元喜兵衛御用覚

寛政十年（一七九八）薩摩藩は飫肥領内へ密偵を送り込み聞き込みを行った。その報告書が「薩藩都城支藩坂元喜兵衛御用覚」の寛政十年条にある。

「近年御国（薩摩藩）より欠落者多く御座候に付、飫肥領聞合申し候様仰付られ、去る二十三日より罷越し承り合、昨日罷帰り、承り及び候次第左に申上げ候一飫肥領欠落奉行両人仰付置かれ、彼両人へ相付、欠落の者何方より参り候ても細島、延岡の者の筋にて召抱下され候書物差上げ、両人の奉行より取次へ差遣す事の由御座候。薩州の者と申儀堅禁制の段承り及び申候。尤も奉行両人名前、且、居所等承り及び申さず候

一御国より欠落の者召抱られの人数、二千八百四人に及び候に付、只今よりは召抱えず様にと申す事の由、御座候

一御国より飫肥領へ差越しの者道筋、高城岩屋ヶ野辺路より忍通り者多くにては有之間敷哉と、承り申し候

一飫肥領へ欠落者多く居付き候場所、清武ノ内田野、西川内近辺と承り及び申し候

一最初欠落致し、飫肥領へ差越しの者の内に御上より銭拝借等仰付られも有之候段、承り申し候。然れども此頃には左様には無之由、御座候

一飫肥領の者共欠落致し、逃去候者多く有之、人数不足に及ぶの処より、右通り召抱えられにては有之間敷哉と、風聞御座候

一欠落にて彼地へ罷越し候者の内、渡世成り難く、陀躰等仕り候者も有之、又は能仕付者も有之候段、承り及び申し候

一御国より欠落の者過半、一向宗執行の者にて御座有間敷哉と、承り及び申し候

一御国より欠落の者、余多有之事御座候得共、御国の内何方の者、又は名前相知れず申し候

一私共宿元出立、西川内へ差越し、夫より城下へ出、海辺方々仕、清武へ参り、夫より田野の様

差越し、右次第ノ儀承り及び罷帰り申し候
右の通、方々聞合仕り、承り及び申し候次第、如此御座候。此段申上げ候。以上

（寛政十年）午三月二十八日

轟木玄林
長倉八兵衛」（『宮崎縣百姓一揆史料』）

この「御用覚」によると、都城島津家家臣坂元喜兵衛は薩摩からの逃亡者情報を得るために轟木玄林と長倉八兵衛という隠し目付二名を飫肥領内に潜入させた。それによると、薩摩から欠落（逃亡）してきて飫肥領内に住み着いている者は二千八百四人に及び、逃亡してきた者へ飫肥藩から生活に必要な銭を貸し与えていた。逃亡者の受け入れには二人の者が充てられており、その二人は俗称欠落奉行と呼ばれ、欠落してきた者を細島や延岡の者といい、決して薩摩からの者とは言わなかった。それに薩摩からの欠落の過半は一向宗信者で、多く住み着いている所は田野や西川内、また、飫肥藩が薩摩からの欠落者を受け入れる理由として、飫肥から薩摩へ逃げる者が多く、労働力不足になっているというものであった。

飫肥から薩摩へ逃げ去るというのは、貞享二年（一六八五）三月、田野の佐野村八戸二十二人と八重村一四戸五十四人が貧困のため薩摩領山之口へ逃散したことを指している。

清武地頭川崎権之助は安井清兵衛と阿万武兵衛を山之口に派遣、山之口地頭と交渉して逃散から十六日後に元の地に帰している。逃散に加わった男は全て飫肥に呼び出され、それぞれ評議があり飫肥

領内村々に分散して移され特に首謀者は重く罰された（『日向纂記』）。

このような逃散事件が起きるような状況であるから、薩摩から飫肥領内に逃げ込んできても決して楽な生活ができたわけではないと思われるが、薩摩からの逃亡要因として、薩摩隠し目付の報告に、「欠落の者過半、一向宗執行の者にて」とあるように、一向宗弾圧の厳しさから逃げて来たということも大きな要因であった。

報告にあった欠落者の多くが住み着いている西川内はどこか。轟木玄林らの足どりは都城から西川内そして飫肥城下、そして海岸を北上して清武、最後に田野となっている。都城と飫肥を最短で結ぶのは牛の峠を通る往還で、これは幕府巡見使も度々通っており人々の往来は多かった。藩境牛の峠から飫肥へ下ると酒谷、ここには石原河内、坂元河内、下荒河内、荒河内、割岩河内、本河内和平太など河内という小字地名が多く存在する。現在、坂元河内や隣りの日永八重などには薩摩から移住してきたと伝える一族が何軒かある。宗教は浄土真宗で江戸時代薩摩から逃亡して来た一向宗門徒を想像させる。

日南市北郷町に北河内という大字地名がある。飫肥から北に当たることから北河内と言ったと思われ、同様に考えると飫肥の西方酒谷一帯を西川内と言ったと考える。薩摩から一向宗信仰を守るため欠落してきた門徒は、田野と西川内（酒谷）に多くが住み着いた。

清武郷尾平

尾平地区道路開鑿記念碑。鹿児島から来たことを記している

尾平の墓石。一族の来歴が刻んである

宮崎市旧清武町西端に尾平という集落がある。戸数六十戸、昔からの住民は全て浄土真宗門徒、江戸時代に薩摩から信仰の自由を求めて逃げてきたと伝えている。

薩摩隠れ一向宗門徒が貧困から逃れ信仰の自由を求めて、厳しい監視を潜り多くは田野に逃げ込んだ。田野にはこれらを受け入れる未開拓の土地があったのであろう。

尾平地区に、歴史・文化を掘り起こし、地域の発展と住民の絆を深めることを目的に、平成十七年六月に尾平塾が結成された。活動の大命題に住民のルーツを調べるというのがある。以下、その活動の成果を示す。

尾平地区墓地に「釋直徳信士、萬延元年（一八六〇）八月五日」とある墓石があり、右側面に「松元徳右ヱ門、甚蔵ノ父」、裏面に「文化二年（一八〇五）頃十七才の時鹿児島県川辺郡より来る。川口八左エ門二女キク七才と後夫婦となる」と記されている。側面と裏面の刻字は書体や文章から後世に書き込まれたものと判断されるが、尾平塾リーダーの川口恒男氏家ではこの墓石をルーツに

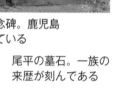

している。文化二年頃川辺郡から尾平に来たと言い伝えていたことを先代か先々代が刻まれたのであろうということであった。

尾平バス停の側に明治三十一年（一八九八）と昭和三年（一九二八）建立の道路改修関係碑がある。昭和三年建立「道路開鑿記念」碑に「元和年間、横山・河野・川口・黒田・松元ノ諸族高城ヨリ来リ住ス、尓来星霜二百七十餘年一部落ヲ成ス、人皆淳僕、信仰最モ厚ク団結シテ強シ（後略）」とある。信仰心に厚く団結が強いということは、薩摩隠れ門徒として発覚すれば一蓮托生であった先祖たちの仲間意識、薩摩一向宗門徒の名残を引いていることを指しているのであろう。

元和年間（一六一五～二四）に移ってきたとあるが聊か疑問を抱く。薩摩の宗門改めが始まったのは寛永九年（一六三二）、この時日州高原（高原町）などでは知行取り上げや百姓は科物を命じられている。明暦二年（一六五六）には加久藤衆中に、万治二年（一六五九）には諸士、寺社被官に一向宗改を命じているが、逃亡しなくてはならない程の厳罰ではない。また、移住する以前の地名高城は現在の都城市高城なのか否かは不明である。

尾平墓地を訪ねた。昔から尾平に住む住人だけの墓地で他所から新しく入ってきた人たちは埋葬していないという。この墓地も他所と同じように納骨式の墓石になっており、江戸時代の墓石は少ない。その中で最古の墓石と川口氏から教えてもらったのは寛政十一年（一七九九）の秋山禅定門俗名三右エ門の墓石であった。そうすると百七十年から百八十年の開きがあり元和年間の移住は益々怪しくなる。もっとも墓改修に際して古い墓石を処分したという地区民もいたので、寛政より古い墓石があったことも十分考えられる。

以上の説明から、尾平は薩摩から逃げてきた人々によって形成された集落と思われがちだが必ずしもそうではない。

旧田野町二ツ山の秋葉神社に木造十一面観音立像が安置されている。昭和六十三年頃、清武郷出身平賀快然作の仏像を調査していたのだが、この十一面観音像を地区役員の協力で調査させて貰った。この像に銘はなかったが背面脚部に四角い穴を穿ちそこに文書が納められていた。

「奉造立十一面観世音菩薩　爰ニ願主日州宮崎郡大平住　敬白　清武地頭川崎権之助　武運長久
国家安全　萬民豊饒　當所安全　爰作者日州那珂郡飫肥住大越家三是院　三十六才ニテ寄進作
之者也　父母為後生也　天和三年癸亥閏五月吉日　願主大平村平賀慈玄坊　同姓次兵衛　松田平
六　慈玄坊伯父戸高千右衛門　同姓武右衛門」

これによると、天和三年（一六八三）に飫肥の修験僧三是院（三十六歳）がこの十一面観音像を彫刻、大平村平賀慈玄坊に寄進していることが分かる。慈玄坊は大平（尾平）の修験僧で三是院とは知り合い、仏像彫刻に長けた三是院に両親菩提のための仏像彫刻を依頼したものであろう。平賀次兵衛や松田平六、慈玄坊伯父戸高千右衛門、日高武右衛門らは仏像彫刻に賛同、協力した者たちであり、慈玄坊と同様大平に住んでいたのであろう。

尾平墓地に平賀慈玄坊の墓石を確認できないが、天和年間にはすでに慈玄坊らが尾平に住んでいたことは確かである。

薩摩姶良の今村岩助

鹿児島県立図書館で県内の市町史誌を調査中、『姶良町郷土誌』に尾平へ逃げた今村岩助の記述に気づいた。概要を紹介する。

代々里寺の番役を勤めていた住吉（姶良市）の今村岩助は、家の後ろの山にある洞窟で人々に仏法を説いていた。このことが発覚して危機が迫り、岩助は子の太左衛門を親類に預け、本尊を隠し持つと、妻のケサを伴い清武村（宮崎県）の尾平まで逃げ延びた。そこで尾平新左衛門と変名し、妻もスミと名を変え、同地で養子をもらって暮らしていたが、ついに古里へ帰ることもなく、明治九年（一八七六）五十九歳で没した。

今村岩助が持っていた阿弥陀如来絵像

今村岩助の絵像
釋廣如の署名あり

隠れ念仏洞（姶良市）　今村岩助が仏法を説いたガマ

後年、子の太左衛門が清武村に遺骨をもらいに行ったが、大切にしてくれた養父の供養は尾平でしたいという養子の強い希望に抗し難く、やむなく墓の土と本尊（阿弥陀如来絵像）をもらい受けて帰り、土は同家墓に納めたという。本尊は今村住家の仏壇に祀られている。

今村岩助――太左衛門――岩助――住┬博
　　　　　　　　　　　　　　　　└省

この記述部分のコピーを川口恒男氏に渡した。同氏は精力的に動かれ姶良町教育委員会の協力を得て住吉の洞穴等を調査したが、今村家当主は他所に出られており絵像の確認はできなかった。後日、姶良町で司法書士をされている今村省氏の許可を得て絵像調査を行った。いわゆる方便法身尊形（幅十七・五センチ、長さ四十五センチ）で、裏に「方便法身尊形　釋廣如花押　願主釋淳朗」とある。廣如上人は本願寺門主で在位は文政九年（一八二六）から明治三年（一八七〇）の四十四年間、岩助が持っていた絵像と解釈してよいであろう。今村家には廣如上人署名がある文政十年の御文章があったとされることから、願主釋淳朗は岩助の父親と思われる。

絵像調査を許可された今村省氏は、子どもの頃車で宮崎に行く途中清武を通ると、母親が今村家の先祖が清武に逃げて信仰を守ったことを話したと私たちに話された。『姶良町郷土誌』の記述に従うと、今村岩助夫婦の墓石が尾平にあることになるが、尾平墓地で見つけることは出来なかった。

姶良今村家調査のとき町教育委員会から住吉の史跡や文化財について解説していただいた。今村家の近くに中世の山城跡があり高城と言い、現在は上高城と下高城の字名が残っている。尾平の道路開鑿記念碑に「高城ヨリ来リ住ス」とあることから、尾平の人々は現在の都城市高城と思っているが、姶良町調査後高城は姶良町の高城ではないかと尾平塾川口氏は推測されて、姶良町内の横山姓・河野姓・川口姓・黒田姓・松元姓を調査されている。その結果は横山姓が二十二戸、河野姓は九戸、川口姓は十三戸、黒田姓は八戸、松元姓が五十六戸、地域的な分布は今村岩助出身の住吉地区に近い地域に集中し、西餅田地区三十戸、平松地区二十四戸、東餅田地区二十戸であった。これで尾平の横山家など五家が姶良から移住してきたということにはならないが、薩摩半島南部の川辺郡からの移住より現実味はある。

五　田野西導寺――清武郷内の真宗寺院(二)

天正五年（一五七七）初代赫心は合又（旧田野町）にあった臨済宗西導寺を買い受け真宗寺院として発足させた。赫心は都於郡伊東氏家臣で川添二郎左衛門重安といい、佐々木高綱の血を引く武将であったが、伊東氏の没落を目の当たりにし、叔父の戦死もあって世の無常を感じて出家した。

浄土真宗西導寺山門（旧田野町）

江戸時代、田野に多くの薩摩門徒が逃亡してきて移り住み、飫肥藩内でその数が二千八百四人となったという（前節参照）。その数をにわかに信じがたいが、『日向国史』に天保十四年（一八四三）、「是より先、薩藩領内の民、漸次、飫肥、清武に移住し、其の数五百余人に及ぶ。是歳島津氏の委嘱を以て之が調査を行ひ、悉く之を送還す」とあるので、相当な人数が越境してきたのは確かである。特に天保六年（一八三五）に起きた大法難は未曾有で門徒の多数が摘発されたことが知られており、天保十四年以前から大法難に至って欠落してきた者たちが五百余人に達したということである。

　これら欠落者は薩摩に送還されたが、「弘化元年（一八四四）十月、曩《さき》に送還せる百姓復飫肥領内に逃れ来るもの多し。是日、藩士佐土原記作を鹿児島に遣はし、之が取締りを厳にせんことを警告す」（『日向国史』）ともある。送り返したがまた戻ってきたので使者を鹿児島へ送り、取締り強化を警告しているのである。

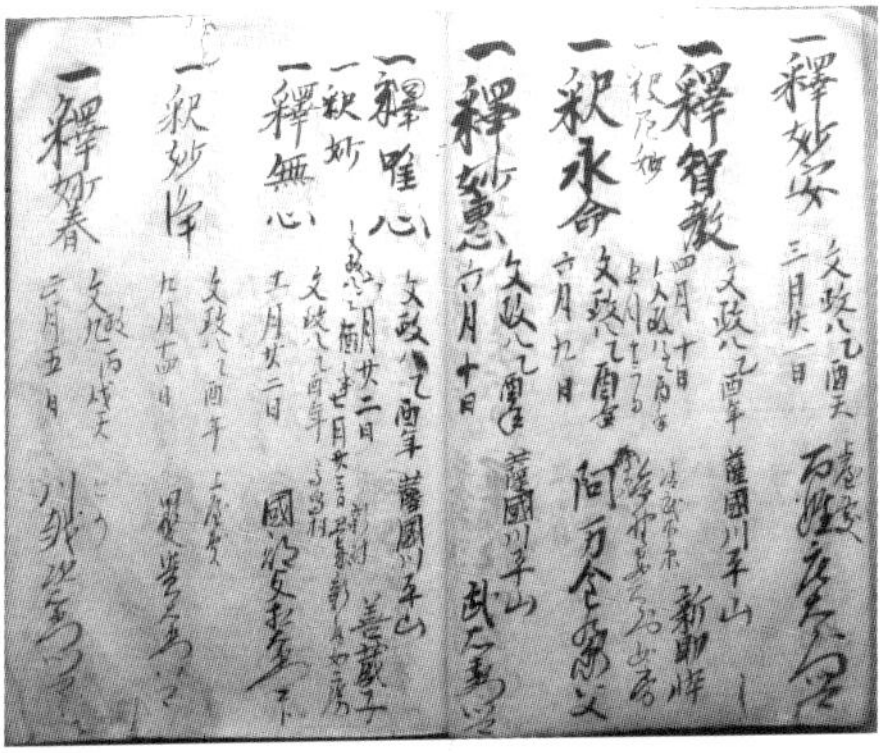
一釋妙安
一釋智教
一釈永命
一釋妙恵
一釋唯心
一釋無心
一釈妙岸
一釋妙春

浄土真宗西導寺文書。薩摩から来たことを示す

西導寺文書

『日向国史』は出典を明示してなく原典に当たれないが、西導寺に残る古文書にそれを窺わせる記述がある。

「釈智教　文政八乙酉年四月十日　薩國川平山　新助倅」

「釈妙恵　文政八乙酉年六月十日　薩國川平山　武右衛門ツマ」

「釈唯心　文政八乙酉年六月二十二日　薩國川平山善蔵子」

文政八年（一八二五）四月と六月に新助の倅、武右衛門の妻、善蔵の子三人が相次いで亡くなっている。薩摩川平山の数家族が田野を目指して密行してきたのではないかと推察する。

一行は周囲に気取られないよう行動には細心の注意を払い田野を目指した。藩境となる山之口の山地にかかると、日当瀬・無頭子・中川内・飛松などの辺路番所があり、高城を経てくると岩屋ヶ野・野崎・内ノ八重などに辺路番所があって、薩摩領内から欠落する者も監視している。梶山から飫肥藩北郷へ抜けるには轟木・牧野・走持・仮屋・政矢谷の辺路番所があり、どのコースをとっても困難なことである。それにこれら番所役人へは欠落に備えて、風雨の強い日それも夜間は特に監視を強めるよう指示されていた。

漸く田野に着き西導寺門徒となるが、それまでの肉体的・精神的苦痛と疲労で、この三人は力尽きたのであろう。体力の弱い女子どもが犠牲になっている。

この他に、天保二年（一八三一）十一月九日に薩摩からきた国分弥左エ門の姑が田野の梅谷村で亡くなっているし、同六年七月には薩州人二平が上ノ原で、同十四年（一八四三）六月五日にも薩州人吉太郎が仮屋で死んでいる（地名はいずれも旧田野町）。明治三年（一八七〇）にも薩摩人和助が楠原で亡くなっているが、明治新政府になっても明治九年（一八七六）まで鹿児島県は真宗（一向宗）を禁じていたので薩摩へ帰らなかったのであろう。

明治以降では高城出身の藤次郎というものが明治十一年（一八七八）田野二ツ山で亡くなっている。二ツ山辺りも薩摩からの欠落者が住んだという話が伝わっていることから、藤次郎一家はその類と思われる。また、同三十六年には曽於郡野寺村出身の瀬戸口ケサという女が三角寺（地名・旧田野町内）で亡くなっているが、このケサは天保三年（一八三二）の生まれとあるから、子どもの頃家族に連れられて田野にきたのではないだろうか。

「西導寺文書」明治十一年（一八七八）―三十七年（一九〇四）の項に、東諸県郡高岡村字野崎の北園信左衛門、仝スミ、スミの父親三右衛門の死亡が記録され、明治二十一年には飛松の増岡甚助、同三十三年にも飛松の山ノ内與八郎の死が記載されている。

野崎（昭和二十三年高岡町より田野村へ編入）や飛松は江戸時代薩摩領で、飫肥藩に隣接していることから辺路番所が置かれ、人々の出入国を厳しく監視した土地である。これらの土地から山之口富吉の安楽寺へ参るには結構距離があり谷深い山路であるため、西導寺門徒となったのであろうが、もしかすると一向宗禁制時代、密かに西導寺へ参っていた者たちの一族とも考えられ、信仰が自由となった明治九年以降、晴れて同寺門徒になったのでないかとも思われる。

同寺古文書には出てこないが、山之口青井岳や天神、高岡内ノ八重、高岡穆佐にも昔から門徒がおり現在も同寺門徒であると住職が話された。これらも飛松や野崎同様飫肥藩に接している土地柄番所が置かれていたが、隠れ門徒として禁制時に西導寺に参っていたことは十分考えられる。

人吉球磨門徒と長崎人死去の記録

同寺古文書には球磨や長崎から来て門徒になっているという興味ある記述があった。

「玄悟　安政元年十二月八日　求摩上村人大平ニ而死ス　深水斧左衛門」

球磨郡上村から来た深水斧左衛門という士が安政元年（一八五四）大平（尾平）で亡くなっている。勿論、西導寺の門徒。熊本県球磨郡は江戸時代人吉藩、藩主相良氏は薩摩と同じように一向宗を禁じていて信仰が発覚すると厳しく罰した。信仰を守るため尾平（大平と表記すること多々あり）へ逃げてきたもので、斧左衛門は薩摩門徒が逃げ込むことを知っていたのであろう。

薩摩の門徒が厳しい追及に耐えられず日向飫肥領へ逃げて来たことはよく知られているが、人吉藩球磨から逃亡して来たというのは知られていない。薩摩や人吉の一向宗門徒の間には、日向飫肥領へ逃げ込めば、生活苦から解放されることはなくても、誰の目も気にしなくて信仰を続けることができると信じられていたのではないだろうか。

もう一つ興味深い記述がある。

「尺了玄　元治元子年八月九日　長崎人七野ニ而死ス　忠市弟」

「尺了全　元治元子年十月十日　長崎人　忠市父」

元治元年（一八六四）八月に長崎の忠市という男の弟が亡くなり、二か月後の十月に忠市の父親が死んでいる。田野の七野に忠市一家が移ってきたのであるが隠れ切支丹で、長崎から逃れてきた長旅で心身ともに疲れ果て相次いで死んだのではないか。切支丹は公儀の禁制で日本国中どこも信仰の自由はなかったので、薩摩門徒を受け入れている田野を選び、一向宗門徒を偽装して信仰を守ったと考えるが、飛躍しすぎだろうか。

球磨上村の隠れ門徒と長崎の隠れ切支丹についてはこれからの課題である。

今村の御恩講

薩摩から逃げてくる一向宗門徒は尾平以外に上ノ原や七野、仮屋、梅谷、二ツ山、楠原、下駄山（以上旧田野町）などにもいたことが同寺古文書で分かる。二ツ山に隣接する今村にも薩摩から移り住んだという前田家があり御因講《おちなみこう》を結成していた。

昭和四十年頃まで田野町今村にあったということから同地の伊豆元典生氏に訊いた。御因講は薩摩から来た前田家が起こし十八戸が加わっていたこと、仏壇を長櫃に入れ担いで講中を回していたこと、報恩講（ホンコサマ）に浄土真宗松尾寺（旧清武町）住職を招いて法座を開き、その後お接待をしたことなどが分かった。このとき講責任者は講員から懇志金を集め、一人ひとり名前と金額を記して本山へ贈った。

仏壇を回すことや懇志上納など薩摩藩隠れ念仏講で行われたことと同様のことが行われたのである。社頭を中心に法話や正信偈読誦を行い、寺で行われる報恩講とは別に講独自の報恩講行事を行ったと推察されるが現在は全く伝わっていない。なお、御因講は今村に隣接する沓掛（旧清武町）でも行われていたという。

他に鹿児島内之浦から移住してきたと伝える家系に梅谷の長友家がある。古い絵像などあったそうだが現在その存在は不明ということであった。

なお、西導寺は本庄で起きた薩摩潜入僧無涯の自決について、日向掛りの肥後重誓寺探玄へ情報を集めて伝えている。田野から本庄宗久寺は真北およそ十六キロの距離、途中は穆佐・高岡・倉岡など薩摩藩領が控え通行は困難、東へ迂回して延岡藩領の古城・生目・瓜生野、そして高鍋藩領の木脇を通ると本庄へ行くことは可能である。でも西導寺僧が本庄へ行ったか否かは不明。書簡は風説と断っていることから宗久寺から聞き取ったとは考えられない。また、穂北の光源寺とも連絡を取り合っている様子も窺える。穂北は当時宗久寺のある本庄と同じ幕府領であったから、幕府側からの情報を得ようとしていたのであろう。この無涯については本章の「六　本庄宗久寺」薩摩潜入僧無涯の項で詳しく触れる。

旧薩摩藩領民意識

飫肥藩では飫肥城下から西へ十数キロの坂元や日永八重、白木俣辺りに都城や三股から先祖が逃げてきたという家があると聞いたが、裏付けするような資料もなく伝承を確かめるまでには至らなかった。坂元や白木俣などの西側山岳地は都城や三股に接するので、山越えで逃亡してくることは容易なことである。

高鍋藩福嶋や飫肥藩の酒谷や田野などに逃亡してきて住みつくということは、未開発地を薩摩門徒に提供できたということである。確かに福嶋の笠祇や飫肥の酒谷は山間地で長年の開墾による耕地確保が想像できるが、田野の尾平や今村、梅谷などは周辺に耕作地が広がる丘陵、田野の先住者たちが手をつけないというような山間部ではない。飫肥領民が欠落者を受け入れたのではないか、と考える。

室町後期、江戸時代の飫肥や福嶋など含め南九州は薩摩島津氏が領有していた。永禄十一年（一五六八）都於郡（西都市）の伊東義祐が飫肥を領有するが天正五年（一五七七）島津氏に敗れ豊後へ落ち、伊東氏が飫肥一帯を領有したのは九年間であった。天正十五年に豊臣秀吉の国割りで飫肥・清武は伊東祐兵に与えられる。一時期伊東氏領になったことはあるが歴史的には長い年月島津氏が治めていたのである。福嶋も同様で高鍋の秋月種長が領有するまでは島津氏領であった。

国替えがあると一部上級武士は領主に随って新領地へ行くが、百姓などは残置される。下級郷士なども同様である。江戸時代、飫肥・清武は飫肥藩、福嶋は高鍋藩になるが、そこの大半の領民はかつて薩摩島津氏に仕えた者であったのである。治める藩主は異なっても薩摩に深く関わった領民で、薩摩から逃げてくる者たちに好意的だったのではないだろうか。もしかすると欠落のとき、飫肥領や高鍋領にいる遠い親戚を頼ったのでないかとも考える。そう考えると二千八百余の薩摩門徒が逃げて来ても、飫肥領内での耕作地を巡るトラブルは起きなかったのではないかと思うのである。

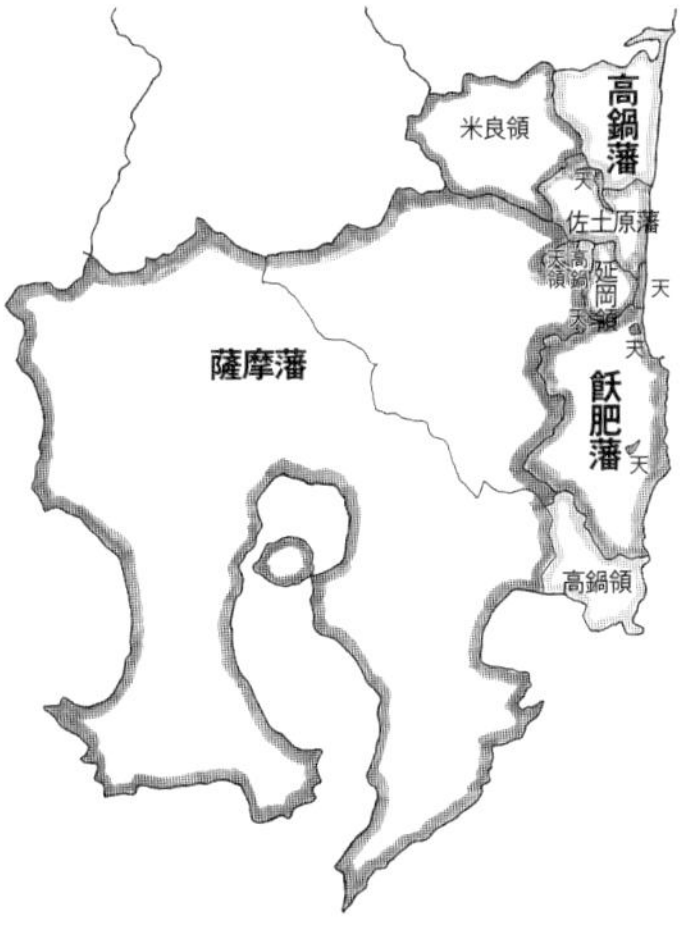

図４　南九州の諸藩
中世、島津氏は飫肥辺りを含め
南九州全体を領有していた

六　本庄宗久寺

宗久寺は延宝（一六七三〜八〇）の頃、宗雲が開山したと伝える。宗久寺が存在する幕府領本庄（国富町）は、薩摩領高岡（宮崎市高岡町）や綾（綾町）、深年・八代（国富町）に境を接していたため、薩摩一向宗門徒が宗久寺に密かに参っていた。さらに野尻や紙屋（旧野尻町）の門徒が鵜戸参詣を口実に宗久寺に参り法会に参加していた。

浄土真宗宗久寺（国富町）

宗久寺では鵜戸山のお乳飴を大量に買い置き、薩摩門徒が帰るとき飴を与え番所通過の際鵜戸参詣の証としていたと伝えている。江戸末期、鵜戸山には「飴売婦女百余人」（『日向地誌』）がいたようで、慶應三年（一八七〇）高岡地頭名越時敏が鵜戸参詣の際、飴売り女たちの攻勢で止む無く買っている。鵜戸参りと土産の飴は定番となっていたのである。

藩境を越える宗久寺門徒

野尻町郷土史に詳しい大迫行義氏に紙屋や野尻辺

りに存在したという隠れ念仏洞を案内して貰った。そのとき池之尾地区民の半数が国富町宗久寺の門徒であることを知った。紙屋には照徳寺という浄土真宗寺が存在するのに、なぜ、一五、六キロも離れた宗久寺の門徒になっているのか、江戸時代に薩摩役人の監視を潜り密かに参詣していた仏飯講の名残ではないかとの疑問が起きた。後日、宗久寺を訪問し同寺黒木真隆住職にお尋ねしたところ、野尻町紙屋の漆野原に三十三戸、紙屋新町に八戸、八久保に三戸、池之尾に十五戸の門徒がおられるということだった。

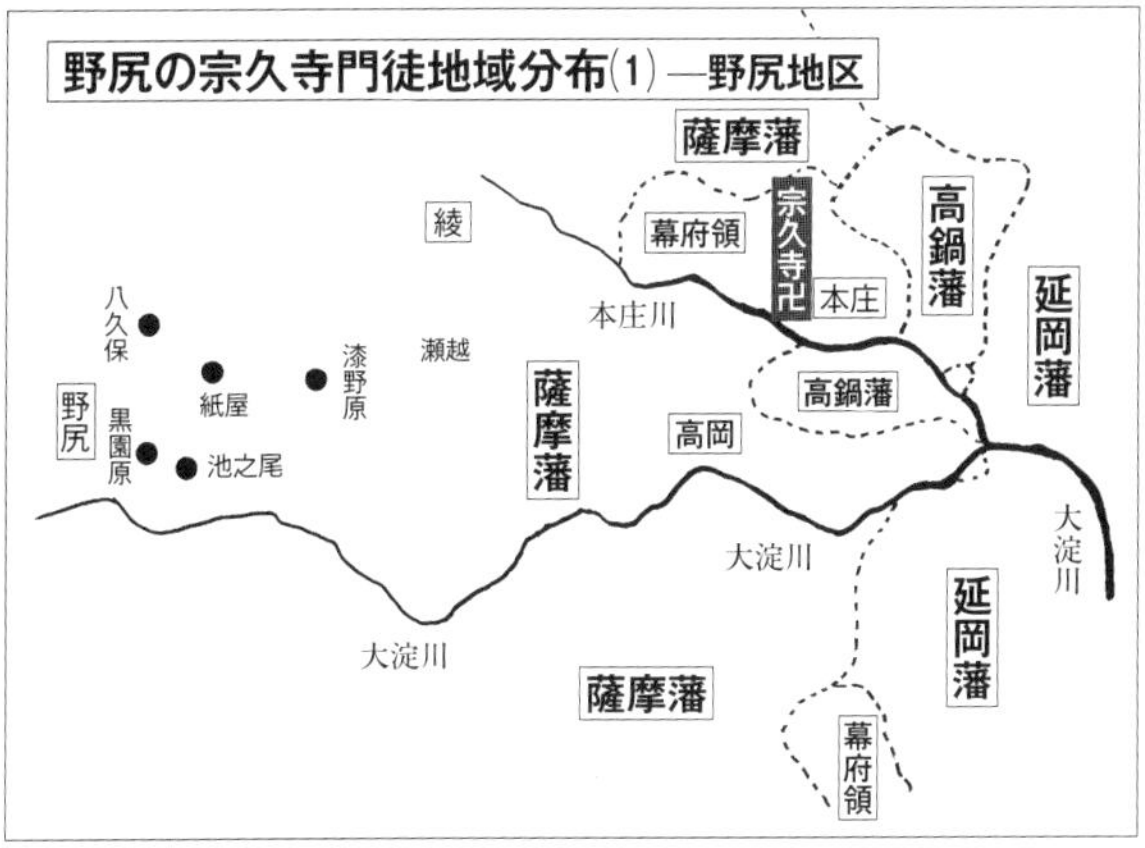

図５　野尻紙屋の宗久寺門徒。禁制時日向宗久寺へ密かに参った隠れ念仏講の子孫と思われる

明治・大正の頃は盆・彼岸の紙屋門徒巡りは泊りがけで一週間を要した。当時住職は徒歩で綾町上畑から峠を越えて高岡町紙屋に下り、また山路を上って瀬越の峠を越えて行ったのだが、紙屋の門徒代表は瀬越の峠まで出迎えるというのが慣例になっていた。徒歩はやがて馬となりバイクと替っていくが瀬越での出迎え見送りは続いたという。そのうちに自家用車で訪問するようになるとルートもかわり、瀬越峠での出迎えはなくなったが、江戸時代から築きあげられた住職と門

徒の篤く深い繋がりを想起した次第であった。

宗久寺訪問のとき、数年前池之尾の門徒代表が家々を廻していた仏壇を寺で預かって欲しいと持参されたと、その仏壇を見せて貰った。背面に墨書があり、昭和十年三月二十七円で購入したこと、寄

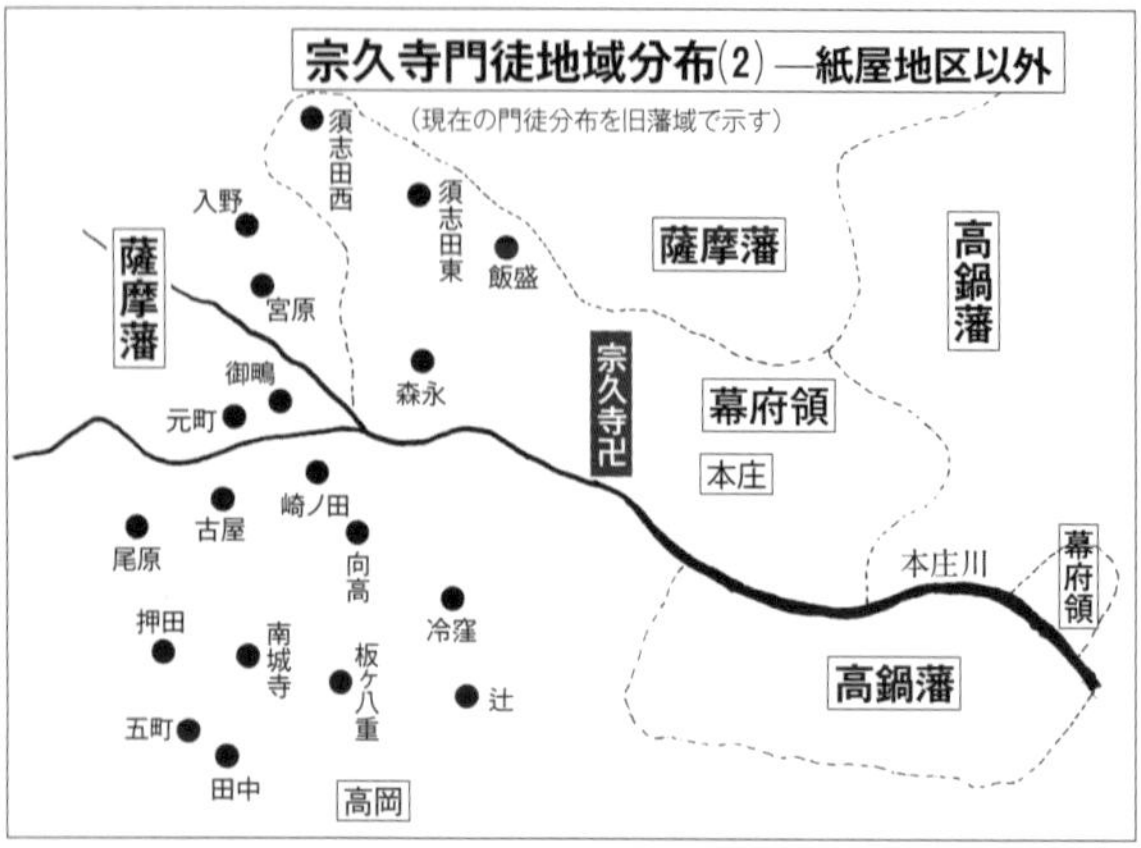

図６　紙屋以外の宗久寺門徒。高岡や綾などほとんどが旧薩摩領だった地域に所在する

付者が十二人で五円から五十銭計三十四円が集ったことが記されていた。隠れ念仏講を構成する最小集団である里寺、この仏壇は池之尾寺の番役（番頭とか社頭という）の家に置いていた仏壇ではないか、勿論番役が代ると仏壇は新番役へ引き継がれるのであるが、それでこの仏壇は仏飯講が保有していた仏壇ではないかとお尋ねしたが、池之尾に仏飯講があったということはなく、仏飯講の伝承もないということであった。野尻町八所に薩州内場仏飯講が現存することから、古くは紙屋辺りまで仏飯講は存在し、現在の池之尾地区門徒が伝承する以前に講が解散して伝承されなかったのでないかと思う。

ところで隠れ念仏洞の所在だが、池之尾・黒園原・尼ヶ谷にあったという地名は確認できたが、現在は埋

められたり崩落したりして痕跡は全くなかった。唯一名字ヶ瀬に洞が残っていた。集落から離れた山中しかも近くにダム湖がありかつては谷川が流れていたと思え、隠れ念仏洞として良好な雰囲気が漂う場所であった。

宗久寺の紙屋以外の門徒は図6のとおりである。須志田・森永・飯盛（以上国富町）は江戸時代は幕府領であった地域、これらの地区の人々は宗久寺創建当時から同寺門徒であったと思われるが、向高（国富町）、冷窪・辻・飯田・板ヶ八重・南城寺・押田・五町・田中（以上高岡町）、尾原・古屋・崎ノ田・元町・御嶋・宮原・入野（以上綾町）などは旧藩時代薩摩藩であった。また、綾・高岡の門徒は一向宗信仰が解禁となった明治以降に門徒になったと思われるが、禁制当時宗久寺の法会に参加していた子孫とも考えられる。

薩摩潜入僧無涯

宗久寺は幕末の僧無涯事件の舞台となっている。西本願寺は窮乏した財政を立て直すために、天保四年（一八三三）から改革に着手し、全国に使僧を派遣して教化・募財を奨めた。このことは当然一向宗禁制になっていた薩摩でも行われ、無涯もこうした使僧の一人であった。

無涯が薩摩に出立したのは安政元年（一八五四）とか同三年とも言われ、肥後側から川内川沿いに薩摩へ入り、平川椎茸講・須木椎茸講・内場仏飯講・同焼香講・同烟草講・菱刈椎茸講・大口椎茸講・祁答院二十五日講・川西十六日講・川東十六日講・同十四日講・同御文庫講など薩摩北部の教化と募

正念寺（日向市） 宗久寺と同じ幕府領にあった

使僧無涯墓（山田正定寺）

財に当たった。しかし、安政四年（一八五七）五月薩摩役人の知るところとなり、身の危険を感じた無涯は日向国へ脱出した。

本庄の宗久寺に落ち着き、そこで高岡や綾などの薩摩門徒や近隣寺院の檀徒などに法会を行っていたが、その門徒の一人が密告、高岡から捕縛人二十人余（二百人余とも）が宗久寺を取り囲み無涯引渡しをせまった。無涯は宗久寺並びに本願寺に迷惑が掛からないよう、本山との関係を示す文書類を焼却するなど身辺整理をして縊死《いし》した。

この事件については安政四年（一八五七）閏五月九日、幕府領富高（日向市）の中組相談役正念寺了教が本願寺へ報告している。

宗久寺門徒惣代が閏五月六日巳の刻（午前十時頃）、九州郡代池田岩之丞出張所役所（日向市）へ訴え出てきた。先月五月十五日に薩州人と芸州（広島県）の無涯という僧、同道にて宗久寺に参り申し出るには、薩摩は法難が起こり取締り厳しく宗久寺へ無涯を同道してきた。法難が鎮まればまた薩摩案内に参上するのでそれまで預かって欲しいというものであった。

閏五月三日鹿児島与力八人並びに高岡与力二十人余りが参り申すには、この寺に無涯という僧滞留罷りあり候由、薩摩関所破りの大罪で召捕りに向かった、という。宗久寺は当寺門にて召捕りは勿論のこと騒動がましき儀決して相ならず。追々捕り手夥しく多く相詰め昼夜分かたず寺周りを固め、直ちに召捕る様子、やむを得ず富高御役所へ村役人並びに宗久寺より取り鎮め方を訴えた。

然るところ、無涯宗久寺において自滅書付いたし、一通は火中いたし残る書付は九州諸講中へとこれあり（以下略）というものであった。このときの状況について飫肥藩田野の西導寺が閏四月二十日、重誓寺探玄へ報告した書簡が本願寺に残っている。重誓寺探玄は筑前明勝寺法雲の弟で日向出役掛である。

「御尊寺様御身の上の事、薩州より捕人二百人余り登り申し候由、一大事の御事、訳は芸州僧にて無涯と申す僧、本庄宗久寺にて、二百人余にて寺を取りかこみ逃げ道なし、土蔵にて自滅、依ってこの者重誓寺の手先の唐物ぬかし候人と、依って御尊寺様へ捕人二百人余り登り候由、御用心専要候」（『薩摩國諸記』）

さらに閏五月二十日、西導寺は重誓寺に風説として書簡を送っている。

「風説書、本庄宗久寺にて自滅の無涯公、薩州取手二百五十人計り、皆々関々高岡のものの様子、寺を取り巻き狼藉の様子、然るところ富高役人（幕府）と薩州役人と応接のところ、陣屋役人申すには、書物皆々改め候ところ、本山重役方よりの書に、九州御使僧とあれども、薩州御使僧とはこれなし、然るに薩州へは真宗僧は行かぬ所、それに薩州に慥《たしか》に入り込みし証拠を出せ、また何故に何百人と集り御料（幕府領）地おふみあらし、寺をふみつぶし、狼藉する哉それが大国の威光と思し候哉、相手はたかがしれた坊一人か二人にて然るべく、薩国には文武二道を弁じたる者なきと見申すと、陣屋役人大いに笑い候由、よって薩人方大いに赤面、それより直純寺殿をたのみ富高役人へ断りの様子、彼人の取り計いにて御本山と薩国の方は、無涯公唐物ぬかしと申し立てらる様子、証拠なき事風説なり、無涯公召し捕り候、訴人は近所にあり候哉と存じられ候、御尊師の手先との評故、その御心得変々後便より云々、なおなお証拠はなき事、風説の儘なり」

高岡郷には去川境目番所や野崎・内ノ八重・浦之名・籾木・法華嶽・八代・上畑・綾広沢などの辺路番所があったが、捕り手二百五十人計りとはこれらの役人を動員したのであろう。

辺路番所があった綾町広沢集落

幕府と薩摩

事件について幕府領富高役人と薩摩役人が協議しているが、宗久寺のある本庄が幕府領であったため日田代官手代所富高の陣屋役人が関わることになった。本山と薩摩側は無涯を中国密輸入品を取り扱ったと主張している様子で、無涯薩摩潜入は書簡の宛先重誓寺の差しがねと思われているというものであった。

無涯事件は薩摩藩、幕府、本願寺それに無涯の出身地安芸藩（広島県）も関わることとなり複雑となった。本願寺は無涯事件の後始末として、肥後山鹿（熊本県）の名声寺僧神竜を日田に派遣した。これは本山が直接薩摩へ僧侶を派遣していることや幕府公認の真宗僧侶を薩摩が自殺に追い込んだことなどが江戸幕府に知れると面倒なことになると判断、この事件の処理を日田代官所が行うことが分かっていたからである。

神竜は六月二十二日に日田へ着き、その地の末寺照蓮寺を介在させて日田役人と詮議した。その結果、江戸への報告を延ばすこと、無涯を本願寺や真徳寺（無涯は真徳寺住職次子）とは無関係の無宿人とすること、この処理を真徳寺に同意させることが決められた。名声寺神竜は早速安芸へ出立、七月二日に真徳寺に着いた。真徳寺住持貫文とその弟最勝、庄屋などと談合、そうして真徳寺両名は御法のためという大義名分から無涯を無宿人とすることを了承した。

本願寺は無涯を無宿人とすることで本山との関わりを断ち無事に解決することができたが、人道的に釈然としない面があり本願寺内でも同情的な意見もあった。日向出役掛りとして無涯事件にも関与していた重誓寺は、真徳寺が無涯を無宿者と処理することを了承したことをそのまま放置しておくと、世間の批判が生じ仏法の障《さわ》りにもなりかねず、真徳寺を本願寺直末への取立て、庄屋らには本山紋入り盃の下付などを提案している。

重誓寺の提案を本願寺は採用したらしく、真徳寺貫文に余間衆・直末扱いという厚遇を与え、門主直筆による無涯の法名と金二十両（二百六十万円程度）が下付されたが、真徳寺貫文は余間衆・直末扱いは分不相応として返上したという（『向原町誌』）。

薩摩が幕府領へ越境して狼藉を働くという暴挙はどういうことなのか。無涯事件の五年後、文久二年（一八六二）には、島津久光の行列を乱したイギリス人を殺傷するという生麦事件を起こし、イギリスは犯人引渡しと賠償金を要求するが拒否、幕府は一〇万ポンドを支払っている。この頃になると江戸幕府の弱体化は表面化し薩摩の台頭が顕著になる。

日向国に於いては慶応三年（一八六七）、幕府領穂北椿原（西都市）で百姓一揆が起き、富高手代所は百姓らの鎮撫を試みるが収まらず、佐土原藩士がこの一揆に巻き込まれたことから、鹿児島から黒田清隆らが乗り込み収拾させるという事件があった。この椿原事件は幕府と薩摩の力関係を如実に表したもので、実力をつけた薩摩は完全に幕府を見縊《みくび》っていた。

無涯事件の結びだが、明治になり旧薩摩領門徒の間に無涯に対する尊崇の念がたかまり、明治二十二年（一八八九）旧山田町（都城市）に正定寺を建立し、無涯と同族である真徳寺住持尼子善念を住職に迎えた。昭和四十五年には宗久寺で供養されていた無涯墓を山田正定寺に移した。

第五章　大淀川中下流域の隠れ念仏

——関外四カ郷での一向宗信仰

一　金崎の仏持ち

二重檀家

宮崎市金崎（高鍋領）には、「仏持ち」を中心に二重檀家とも言うべき特殊な宗教形態が起こり現在も行われている。曹洞宗と浄土真宗という二重檀那の立場で仏事や葬儀を行うという他に例を見ない地域である。

金崎地区民の殆どは同地区にある曹洞宗朝倉寺の檀徒であるが、その檀徒の葬儀に国富町三名（高鍋領）の浄土真宗光西寺門徒である仏持ちと呼ばれる六軒の当主が関わる。これについては『瓜生野・倉岡郷土誌』に紹介してあるが、金崎の歴史に詳しい平山光信氏の話に、筆者考察を交えてその状況を紹介する。

江戸時代、田野・清武へ薩摩藩から逃亡してきた隠れ念仏の信者いわゆる一向宗門徒が、金崎の仏持ちの家に夜間密かに阿弥陀如来参りに通ったという。田野からの如来参りは明治時代さらに大正・昭和の終戦直後まで続いていた。

旧暦十一月二十八日の深夜に金崎に来た一行は無言で仏持ちの家に上がり、阿弥陀如来の前で念仏を唱えるとまた無言で退出したと伝える。旧暦十一月二十八日は浄土真宗開祖親鸞の忌日で、一向宗

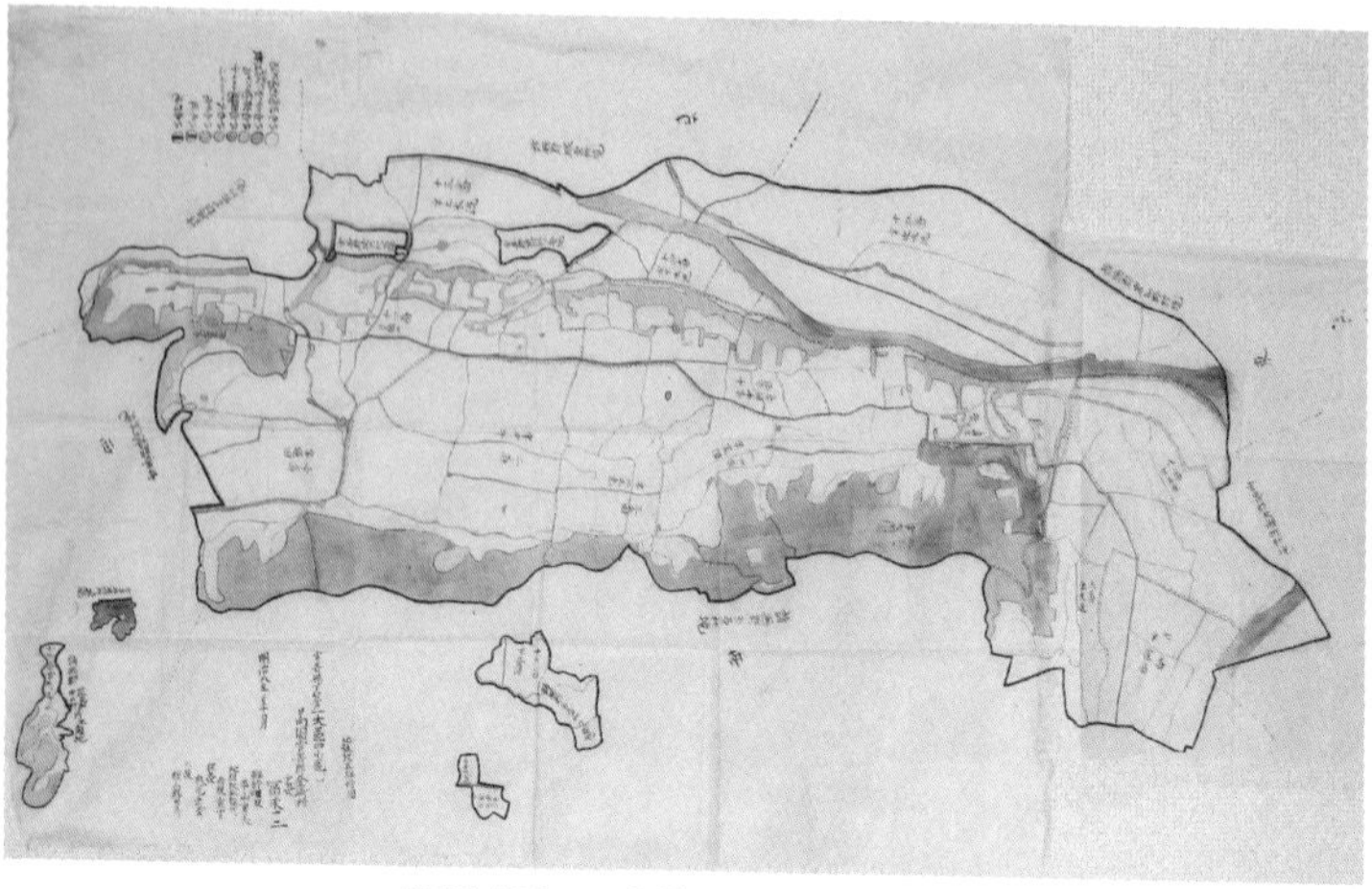

明治10年の金崎（平山光信氏蔵）

門徒はこの日を最終日とする七昼夜にわたる報恩講という法要を行う。

講と仏持ちの家

仏持ちとはどういう人たちなのか。金崎地区は本庄川右岸に東西二キロ、南北五百メートルほどの広さに人家が点在する。集落は上・中・下と三地区（講）に分かれ、さらに三地区は二から三の小講中に分かれる。金崎の住民は小講中内で冠婚葬祭などの付き合いをしている。仏持ちの家は小講に一軒ずつ、つまり金崎集落の上講に三人、中講に三人、下講に二人と均等に人為的に配置されたかのように存在している。八人であった仏持ちは現在は六人になっており、上講は黒木家・児玉家、中講は黒木家・日高家、下講は横山家・井上家である。

平山光信氏が所属する小講中は十八戸、仏持ちは児玉家である。平山家は江戸時代までは高鍋藩寺社帳に

「諸県山伏、宝寿院源山」とある修験の家柄であったが、明治初期の神仏分離政策で金崎神社宮司となり宮司職は父親の代まで続いた。平山氏は宮司を継がず農業を生業にされているが当然宗教は神道である。

それでも仏持ちを中心とする小講中の仏事や葬送儀式等に参加しているのは、農村は農事、年中行事、農道や排水溝普請など賦役はすべて小講中の共同作業であり、農村では共同作業や地区行事に参加することで村の秩序が維持されるからである。神道であることから地区の仏事参加には疑問をもちながらも、講中の一員として付き合いをされている。

仏持ち家の仏壇。浄土真宗門徒らしくない設え

仏持ちに共通するものは、阿弥陀如来絵像（方便法身尊形）・金属製花立・鶴亀を象った燭台・御文章などを所持し、講中に死者がでると金崎の曹洞宗朝倉寺住職とともに葬儀執行の一部鐃鈸《にょうはち》打ちを担う。導師が鉦をたたき続いて太鼓を打つ、そしてシンバルに似た鐃鈸を打つのであるが、その鐃鈸を打つのは必ず仏持ちと決まっており、浄土真宗光西寺住職の代役という位置づけになっている。つまり曹洞宗朝倉寺檀徒の葬儀に重要な役割として浄土真宗光西寺門徒が参加するということである。これは金崎地区に土葬、野辺送りの葬送習慣があった頃

まで行われたが、葬祭場での葬儀が行われるようになると消滅した。

次に、仏持ちの家に死人が出た場合は三名の光西寺住職と朝倉寺が葬式を執り行う。仏持ちは浄土真宗門徒であり曹洞宗檀那であるという二重性をもっており、非常に特殊な二重檀家制であるが、金崎では江戸時代から行われているごく当たり前の慣行で、現在、葬祭場で葬儀が行われるが、このときの両住職の位置関係は上座に光西寺、次に朝倉寺そして他の仏持ちという順序になる。

浄土真宗光西寺（国富町）

仏持ちと講中

講中と仏持ちの関係は、元日、講中の人々は鏡餅一重ね（径三十センチ程、二枚）を仏持ちの家に届ける。講中の殆どは朝倉寺の檀徒、中に他宗派信者もいるが、それら浄土真宗信者でない人たちが仏持ちの家に鏡餅を持っていくのである。仏持ちの家では鏡餅を持参した講中に御馳走を振る舞い、正月七日に鏡開きを行う。鏡開きに参加した講中には御馳走が出されるが、このとき御馳走は皿などに盛らず掌に載せて食べさせるという振る舞い方である。皿に盛らず掌に食べ物を載せることに意味があったのだろうが現在は不明。

仏持ちに鏡餅を持っていくこと以外に、講中の人々は彼岸に米一升を持って「如来様（阿弥陀）拝み」に行く風習が今も行われている。曹洞宗は釈迦如来が本尊、檀徒が阿弥陀如来を拝むことには違和感がある筈だが、金崎では当たり前のこととして行われている。

さらに、仏持ちと講中の関係で特異なものに、金崎で死人がでると遺族は菩提寺である朝倉寺より先、真っ先に米三合（仏餉米《ぶっしょうごめ》）を持って仏持ちへ行き死者がでたことを報告する。仏持ちはその米を炊いて阿弥陀如来に供える。仏餉飯を阿弥陀如来に供えることによって死者は極楽浄土に往生すると信じられている。

仏持ちの各家は旧正月に鏡餅、盆には米一升を携えて光西寺に参る風習があった。現在一軒が行っているという。また、光西寺住職は旧正月二十六日、同五月二十六日、九月二十六日には必ず仏持ちの家を訪問、説教し供養を行う。さらに旧十月二十八日、金崎の仏持ちは廻り宿で一軒の家に集まり、光西寺住職を迎え御講を行う。これを「おとりこし」というが、これは開祖親鸞上人の忌日、報恩講の法要を行った名残であるという。

旧暦十一月二十二日から「御講が入る」と言ってイリコを使わない料理を食べる。つまり精進潔斎するのであるが、この期間六軒の仏持ちは、仏持ちが所属する講中の各家を廻り念仏をあげる。御講最後の日、二十八日には光西寺住職が来て説教し供養する。その後、講中の人々は精進落としを行い御講は終わる。

それからもう一つ、仏持ちの仏壇に祀ってある阿弥陀如来絵像は、生花や位牌の奥上に掛けてあり、

仏持ち家にある阿弥陀如来絵像

覗き込まないと見えないようにしてある。中央に阿弥陀如来を祀る浄土真宗門徒の仏壇とは趣を異にし、一見門徒であることを隠していると思わせる設えである。さらに仏持ち横山幸一氏宅の阿弥陀如来絵像は縦四十六センチ、横幅十七・五センチ、絵像部は縦十九・五センチ、横十センチと小さい。本願寺が薩摩隠れ門徒に特別に小型の方便法身尊形を下付したと言われるがそれを連想させる。仏持ちは光西寺の門徒であるから、仏壇正面中央に阿弥陀如来絵像を堂々と祀ってよい訳で、なぜ、隠すように祀ってあるのか。

高鍋藩の一向宗弾圧と仏持ち

この仏持ちの慣習は享保の頃には既に入っていたと『瓜生野・倉岡郷土誌』は記している。仏持ち

の黒木家に繰り位牌が残っており、それに

享保十巳天

前大僧正二品親王信解院殿寂如上人

七月八日

とあることを根拠にしている。宗主寂如上人は享保十年（一七二五）に入寂している。

金崎に隣接する吉野地区（高鍋藩）にも金崎の仏持ちと同様の家が五軒あった。吉野では仏持ちと呼ばずまた名称もなく、五軒のうち四軒の家では金崎の仏持ちの家にあるのと同様の三つ具足や高僧和讃などを所持し、地区には餅割りの行事を維持しているという。かつては金崎と同様に仏持ちを中心とした諸仏事や慣習を行っていたが、そのうちに廃れ餅割りだけが残ったのであろう（平山光信氏談）ということであった。

金崎地区の仏持ちは意図的に案分配置されていること、阿弥陀如来絵像は一見分からないように仏壇に掲げてあることから、この仏持ちの風習は高鍋藩が一時期一向宗門徒を弾圧、後にクジ引きで光西寺門徒に戻したことと関係があるのではないかと平山氏は推察されている。クジ引きで帰宗させられたのは三名・六野・宮王丸・伊左生の各村の者で、金崎と吉野は対象になっていない。

高鍋藩の真宗（一向宗）弾圧について、高鍋藩記録「本藩実録」宝暦十一年（一七六一）九月十日の項に次のような記載がある。

「称専寺・覚照寺より願い出候わば将軍宣下につき御門跡関東下向これあり、且つ祖師五百年忌寺につき末寺上京候の様申し来たり候処、何も貧寺にて上京仕り難く候、先年安蔵村正念寺と申すは泉州境（堺）慈光寺末寺にて慈光寺より巡見の使僧正念寺にて説法致し聴徒下山の節大勢にて殿様御猟御帰りの御馬を驚き奉り候、無案内にて旅僧止宿致させ候咎にて正念寺追放その外一派真宗十五以下は尽《ことごと》く改宗仰せ付けられ、右は百年以前の義につき当時に至り無旦那と相成り寺立行き申さず候間、他家の差支えに相成らず候程帰宗仰せ付けられ候様、同寺共より願い出御免両寺へ勝手次第帰宗候様旦那中へ仰せ付けらる」（『宮崎県史料第三巻高鍋藩続本藩実録』）

浄土真宗慈光寺（大阪府堺）
慈光寺末寺が高鍋藩・飫肥藩にあった

称専寺と覚照寺から願い出てきたところによると、将軍宣下で本願寺門跡が関東へ下向され併せて親鸞聖人五百年忌ということで、末寺は上京するように言ってきたが、称専寺も覚照寺も貧しく上京することができません。昔、正念寺という泉州堺慈光寺の末寺が安蔵村にありましたが、本寺慈光寺から僧が来て正念寺で説法し、それを聴きに来ていた大勢の門徒が寺を出るとき、狩猟に来ていた藩主の馬を驚かし、また、藩に無断で旅僧を止めた咎で、正念寺は追放、その外の浄土真宗寺院へも門徒の十五歳以下の者は他宗へ改宗することと仰せ付けられました。それは百年以前のことで各寺院の檀徒はいなくなり寺院経営が成り立たなくなりました。それで他宗寺院に差障りないの無い程度に帰宗できるように仰せ付けくださいますようということだったので、帰宗を許すと檀徒に申し渡した」というものである。

泉州堺慈光寺末は、貞享四年（一六八七）の高鍋藩寺社帳によると、蚊口浦（高鍋町）の光福寺、三名（国富町）の光西寺、それに木脇の道場で正念寺は無い。宝暦十一年（一七六一）より百年前ということであるから正念寺は既に追放されている。

この事件は三名光西寺の「光西寺旧記」に記載してある。内容は前述高鍋藩記録とほゞ同じであるため省くが、藩は称専寺と覚照寺からの訴えを認め他宗に改宗している檀徒を一度に真宗寺へ戻すとその寺院も困るわけで、クジを引かせて帰宗させることにした。三名村は関屋彦太郎など十七人、六野村は彦兵衛など六人、宮王丸村は彦七など四人、伊左生村は伝右エ門など三人、計三十人が宝暦十二年（一七六二）四月十日の朝、御仮所でのクジで帰宗を命じられたのである（『近世御仕置集成』）。

クジ引きで帰宗させられたのは三名・六野・宮王丸・伊左生の村々で、金崎と吉野は対象になっていない。

高鍋藩による浄土真宗弾圧を年代的に整理してみると、解禁されたのは藩の記録では宝暦十一年（一七六一）九月十日、しかし、光西寺文書には「帰宗仰せ付られ候時は、元禄十二卯年十二月、三名村代より久兵衛、太郎左エ門、蔵之丞、李右エ門、右之人数仰付られ候」とあり、元禄十二年（一六九九）に帰宗が認められたとする。この間六十二年の差があるが、『拾遺本藩実録』の高鍋藩飛び地福嶋（串間市）に関する記録に、元禄十三年三月十九日「福嶋五竃真宗御免」とあることから、元禄後期には弾圧を緩めたと思われる。

宝暦十一年九月十日の「本藩実録」記述によると百年位前に弾圧が起こり、それを単純に逆算すると寛文元年（一六六一）頃となる。元禄十三年（一七〇〇）には福嶋の門徒に「真宗御免」としていることから、寛文元年頃から元禄十三年の間に仏持ちが始まったのではないか。高鍋藩で真宗寺院弾圧があったこの時期に仏持ちが組織されたのではないかと推察する。それで阿弥陀如来絵像が見えないように仏壇奥に飾り、表向き曹洞宗檀徒を装っていたのではないか。『瓜生野・倉岡郷土誌』に仏持ちの慣習は既に享保の頃には入っていたとするが、享保よりもっと時代を遡るのではないだろうか。

薩摩の隠れ念仏との関係

仏持ちの起源を薩摩から仏を持ち込んだとの推察もあるようだが、根拠不明ながら確かに、仏持ちが所持している阿弥陀如来絵像は、本願寺が薩摩隠れ念仏講に下付したいわゆる薩摩型と呼ばれる小型絵像と同様小型であること、また、薩摩から田野・清武に逃亡してきた門徒が、報恩講のとき金崎の仏持ちを参ったという口碑があることを鑑みるとき、強《あなが》ち否定はできない。

江戸時代、田野からどのような順路で金崎にきたか考察するに、田野と金崎は十六キロほどの距離があり、その間には穆佐や倉岡などの薩摩領があったのでそこは避けなければならない。高岡と田野は間道で結ばれ、田野からは鹿児島街道に繋がり青井岳、山之口を経て都城や鹿児島へ至る。高岡から鹿児島へは都城を経て鹿児島へ至る薩摩街道が主な経路であるが、この街道は厳しさで名高い去川関を通らなければならず、それを避けるため高岡・田野の間道を利用する者が結構多かったという。去川の関より通りやすいと言っても、田野と高岡の境内ノ八重（旧高岡町）には辺路番所があり、内ノ八重から二・五キロほど高岡の方へ行った所の柞木橋にも辺路番所があったと言われ（設置年代・期間不明）、それなりの取り調べはあった。

田野の隠れ念仏信者が金崎へ向かうにはこの間道が最短であるが通ることは困難、田野は北東部を延岡領古城に接し、古城時雨から幕府領細江そして延岡領跡江、同大瀬町へと行き、大瀬町から川を渡り金崎へ入るルートが考えられる。跡江と金崎の間は薩摩領有田や倉岡があり、特に本庄川と大淀川が合流する柳瀬には薩摩藩の川口番所《ばんどころ》があったので、現在の有田橋や柳瀬橋辺りを渡河することは困難であり、そこより上流の大瀬町辺りが想定される。

ここで、一向宗信仰の自由な田野へ逃亡して居住し、田野西導寺か複数ある清武の真宗寺院門徒になったはず、なぜ金崎へ忍んでいかなくてはならないのか。

金崎で死人がでると遺族は菩提寺である朝倉寺より先に、真っ先に米三合を持って仏持ちを訪問し死者がでたことを報告、仏持ちはその米を炊いて如来様に供えることは既述したが、この風習は薩摩隠れ念仏の講、例えば薩州内場仏飯講で最近まで行っていた番役と講員の行事や活動と同じである（第三章二参照）。

番役は隠れ念仏溝を構成する里寺の番頭。江戸時代、薩摩領内には一向宗寺院が存在しなかったことから、里寺の中で文字を読むことができ誦経《ずきょう》や説経などを行う指導的立場にある者が番役を務めた。

番役は毛坊主ともいい、明治初期、薩摩領内寺院が全廃され、真宗寺院が建立されるまでの間葬式も行っていた。

薩州内場仏飯講二番組上米寺（三股町上米）では番役を社頭といい、元旦に社頭宅へ鏡餅を持っていく。社頭は正月四日ないし五日に餅を割りそれを雑煮にしてご馳走する。この行事を餅割りといった。上米寺の講員に死者が出ると米一升と三千円を社頭に届ける。社頭は米を炊き死者の家に持参し仏餉を供え、お勤め（正信偈読誦）をして霊を慰める。上米寺の講員は浄土真宗広済寺門徒であるので住職による葬送行事の他に、昔から内場仏飯講に伝えられる社頭が取り仕切る仏事を行っている。これは自宅葬が行われていた頃まで実施されたが、葬儀社による葬儀が行われるようになると行われなくなり、社頭が最初に焼香しそれに続いて遺族・親族が焼香する風習となった。上米寺ではこの他に報恩講や盆・彼岸の仏事を行っていたが近年講を閉じた。

上米で行わる行事と同じような行事を金崎でも行うのである。以上を考慮すると金崎仏持ちの行事（仏事）は薩摩隠れ念仏講から伝わってきたものではないかと推察する。

何故、明治以降も隠れたのか

明治十年以降浄土真宗寺院が旧薩摩領内各所に建立され、隠れ門徒はそれら寺院の門徒となったが、講を解散せずそのまま引き続き活動をした。中には明治になり信仰の自由が保障されるようになってから結成した講もある。

図7　江戸後期　真宗西導寺門徒の住居分布

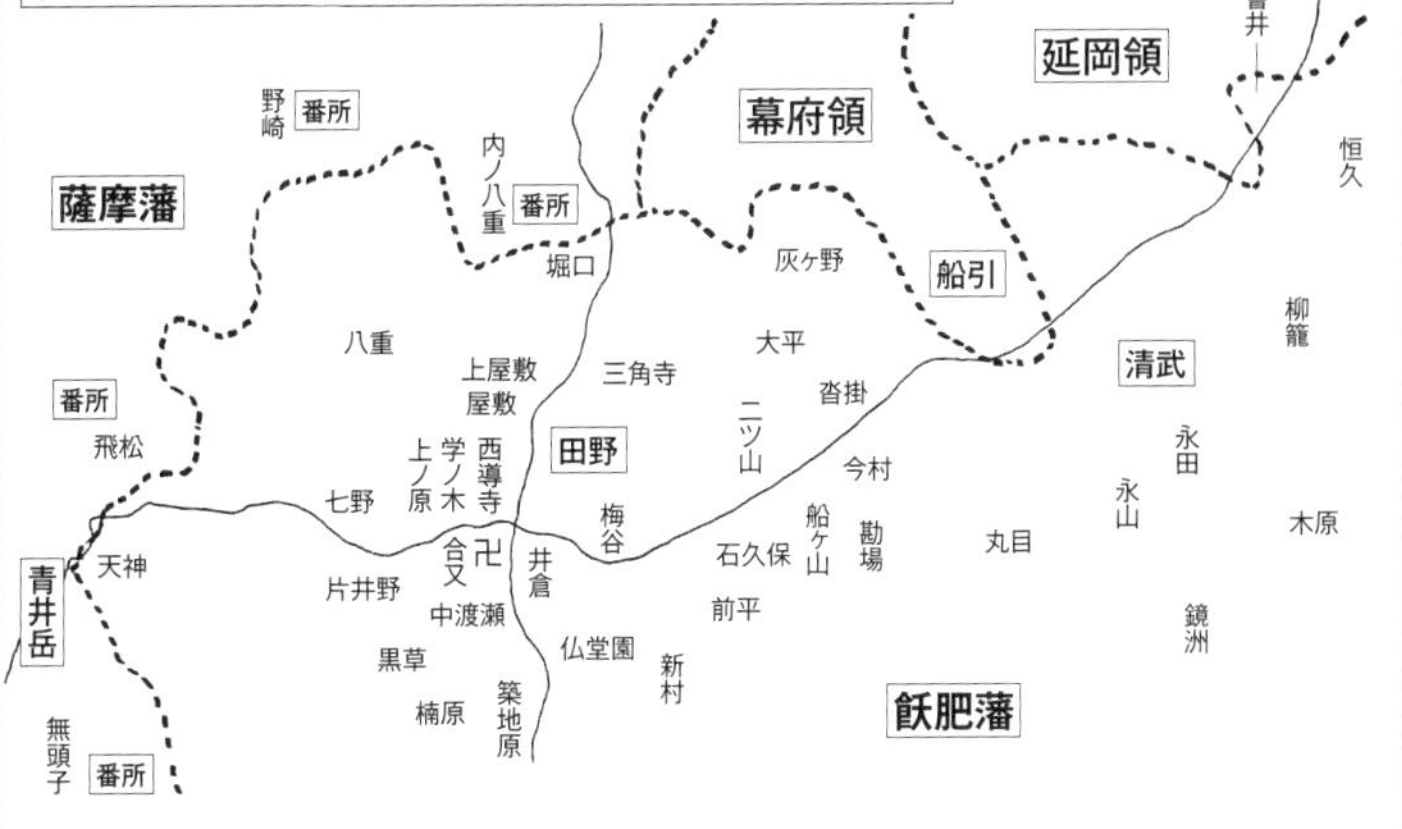

薩摩領の青井岳をはじめ、清武から恒久まで広い地域に門徒がいた

薩摩から飫肥領内へ逃亡してきた隠れ門徒は、捕縛の恐れもなく自宅で自由に念仏を唱えたり、寺で法話を聞いたりすることが出来るようになった。しかし何かが違うと思うようになったのではないだろうか。寺で実施される彼岸や盆の仏事、報恩講などに参加し、住職から法話を聞き法味に触れる喜びを得ながらも、地下に潜り秘密結社としての隠れ念仏、番役を中心に洞や土蔵で法話を聞いたり念仏を唱えたりする方が、より深い信仰に触れられると感じたのではないだろうか。

田野から夜半に金崎に通ってきたという無言の集団一向宗門徒は、清武郷内寺院で行われる仏事より、番役が行う念仏講の方がより深い信仰を感じたのではないだろうか。旧薩摩隠れ門徒が寺の門徒と講社門徒と二通りの信仰を続けたのと同様に。

田野西導寺川添泰教住職が興味ある話をされた。同寺門徒の大多数は旧田野町内であるが、江戸時代

薩摩領であった山之口天神（旧山之口町青井岳）に門徒がおられ、ここの門徒は生活の多くの面で信仰を感じると言われる。葬式で同地区を訪問すると死者の家ではない家に案内され、そこで葬儀準備を整えてから死者の家へ案内される。葬式が終わるとまたその家に案内されるという。現在も葬式では遺族より先、一番最初に社頭が焼香する習わしになっているということであった。

旧田野町中原地区に「念仏講」が存在した。浄土真宗西導寺の門徒総代を長年務めておられる堀之内晴二氏に訊いた。地区内七十戸に死者が出ると、公民館長は各戸から個々の信仰宗派に関係なく集金して遺族へ届ける。地区民は故人と付き合い状況により「お悔み」とか会葬など行うが、特に付き合いなどない地区民は念仏講に出す百円で済ませる。中原地区民の大半は浄土真宗門徒であるが、神道や他宗檀徒も存在するということから、金崎の仏持ちと同様の二重檀徒の慣行ではないかと考えたが、念仏講起源や講行事など口碑も何も残っておらず、葬儀に関して集金するのみということであった。江戸時代、薩摩から田野へ逃亡してきた門徒が関係しているのか、報恩講の日に田野から金崎仏持ちの阿弥陀如来を拝みに行ったという集団との関連を期待したが分からなかった。

二　高岡郷の隠れ念仏

浦之名の宗門改め

関外四カ郷には龍福寺（福昌寺末）など十二か寺の禅宗寺院、高福寺（大乗院末）など十二か寺の真言宗寺院、それに天台宗増長寺、本永寺と顕本寺の法華宗寺院二か寺があり、郷民はこれらの寺院の檀徒であった。

高岡浦之名の宗門改め帳がある。寛政十二年（一八〇〇）の「日州諸県郡高岡浦之名村宗門改帳」（『高岡町史』）で百二十二門、五百四十四人全てが記載してある。

門は名頭と名子で構成され、名頭は門の長で納税責任者で家長的立場にあった。名子は名頭の下にあり多くは名頭の次男・三男、弟など血縁関係にあり、名頭と名子はいわゆる本家分家という立場であった。宗門改めは門毎に行われ庄屋が信仰する宗教を証明した。浦之名の宗門改めの一例を示すと、

大村門

一　四拾七歳　　禅宗　　名頭　喜右ヱ門

一　参拾六歳　　右同　　　　　喜右ヱ門妻

一　拾三歳　生子　右同　　　　喜右ヱ門子鉄藤

一　拾歳　生子　右同　　喜右ヱ門子喜八
一　六歳　生子　右同　　喜右ヱ門子正市
一　四歳　生子　右同　　喜右ヱ門女子梅つる
右四人父母無相違通庄屋郡見廻証文有之
一　七拾壱歳　法華宗　喜右ヱ門親三五郎
一　五拾九歳　禅宗　右之妻

名頭喜右ヱ門は妻と四人の子どもがおりすべて禅宗、喜右ヱ門の父親は法華宗で母親は禅宗となっている。禅宗とか法華宗とだけ記載してあり寺院名は記していない。浦之名に禅宗寺院は福泉寺と西福寺があったのでどちらかの檀徒、法華宗は浦之名本永寺の檀徒であったことが想像される。

百二十二の浦之名の各門をみると、禅宗だけの門は五十一門、法華宗だけが十一門、真言宗だけが六門で、他は門内で信仰する宗派は異なっている。各門は夫婦や親子つまり名頭一家で構成されているが、例えば名頭は禅宗であるが妻は真言宗などと、家族内で夫婦、親と子で宗派が異なっている。さらに禅宗と法華宗が混在する門三十門、禅宗と真言宗の混在は十六門、真言宗と法華宗の混在が三門、禅宗・真言宗・法華宗の三宗派混在が五門である。

明和九年（一七七二）十一月二十四日の「日州諸縣郡高岡田尻村豊後牢人宗門手札改帳」（『高岡町史』）がある。豊後牢人とあることから豊後（大分県）から移住してきたと思える者たちの門で永吉門とか新留門など七門があった。信仰状況を門毎にみると真言宗だけが二門、禅宗と真言宗混在が四門、真言宗と時宗混在が一門である。

江戸時代、幕府は全国の寺院に対し、檀那寺は檀徒に切支丹信者でないことを証明させた。寺請を証明する寺証文とか宗旨手形、宗旨証文と呼ばれる寺請状で奉行所に提出させた。これを檀家制度とか寺請制度といい、島原の乱が終結する寛永十五年（一六三八）頃には全国的に行われた。これにより檀家は盆や彼岸、年忌・命日法要など檀那寺参詣を義務づけられ、伽藍新築とか改修費用の負担、本山上納金などさまざまな名目で経済的負担を強いられ、離壇や寺替することは厳しく禁止された。

檀那寺と檀家の関係を表すのに往来手形発行がある。日向市細島に残る往来手形がある。享和二年（一八〇二）、禅宗観音寺が檀家のマキ（満喜）という女に発行した四国遍路の往来手形である。

「　往来手形

この満喜と申す女、この度志頼につき四国遍路罷り越し候条、尤も宗旨の儀は代々禅宗当寺旦那に紛れもなく候間、所々御関所相違なくお通しくだされるべく候、なお又行き暮れ候節は止宿等宜しく頼み入り存じ候、万一何国にても病死等仕り候わば、その所の御作法をもって御取置き計らい下さるべく候、よって往来手形件の如し

日州臼杵郡細嶋町

御料　禅宗観音寺　印

所々御関所

在町御役人中

」

この往来手形はまず切支丹でないことを証明し、各藩関所の無事通行を依頼、行き暮れた場合の宿の世話や、病死などした場合は宗教に関係なくその土地の習慣で埋葬して欲しい旨が記載してある。

檀家制度（寺請制度）は幕府の命令で全国的に制度化されたのであり、戸主をはじめ家族全員が一寺院の檀家となるものの、婚姻で家族となった女はその家の檀那寺の檀徒になるのである。家を継ぐ戸主は代々先祖を祀ることを義務づけられた。しかし、薩摩藩の宗門改めは宗旨を庄屋が証明し檀那寺ではなかった。浦之名の門と田尻の豊後牢人の門は、門を構成する名頭と名子、その殆どは家族であるが名頭と妻、子どもが同じ宗派であることもあるが、多くは名頭（夫）と妻、その子ども、親の宗派が異なっている。妻は嫁ぎ先の檀家に入らず実家の宗派を引き継いでいるのであろうか。家として年忌供養や盆・彼岸の供養はどうしていたのか疑問が残る。

なお、田尻の豊後牢人であるがどういう集団か分からない。高岡郷を創設するとき入田とか志賀、一万田、吉良など豊後衆十一家が招かれている。二百石から四十石といずれも高禄、与頭や与頭噯役、取納役などの役職に就いているが、これら豊後衆についてきた者たちということも考えられる。

高岡の一向宗――宗久寺の門徒

高岡・穆佐・倉岡・綾いわゆる関外四カ郷で、隠れ念仏洞の存在とか仏飯講など講社伝承は聞かない。薩摩領内すべて一向宗禁制で関外四カ郷も例外ではなかった。

「日州諸縣郡高岡浦之名村宗門手札改」（『高岡町史』）末尾に、

「右は切支丹宗門御大禁につき前々より御領国中宗門改め仰せつけられ人別宗門手札下し置かれ、累年なおもって稠しく相改められ候、この節御改めにつき手札引替並びに新札下され候について段々仰せ渡さる趣承知奉り候、これにより我々組中相改め申し候ところ不審成る者も御座なく候、かつ又一向宗の儀も御家禁止仰せつけられ候につき仰せ渡され候、これ又その意を得奉り相改め候えども右宗旨の者も御座なく候（略）」

と切支丹とともに一向宗改めを行っている。

西本願寺に所蔵されている『薩摩國諸記』に国富町宗久寺について次のような記述があり、その中に高岡郷に一向宗門徒がいたことが記されている。

「日向諸県ノ郡本庄ト（イウ）地名ニテ、同所十日町へ宗久寺ト是ハ御末寺ニテ御座候。同町へ宝光寺ト申仏光寺殿末寺有之、同寺門徒并浄土宗ノ門徒等有之、右門徒ノ面々表向旦那寺へ遠慮有之候ニ付、薩州仏飯講へ相加リ十日町宗久寺ヲ会所トテ月々法会執行仕様取計置申候。右等ノ次第ニ付、村岡新左衛門・島原栄助・村岡文平三人ハ十日町ニテ他門徒ヨリ講世話相勤居候。有原金蔵・入野林蔵・向高善右衛門右三人ハ薩領分ノ人躰ニテ講世話方ト相定置候」

日向国諸県郡本庄十日町（国富町）に宗久寺があり西本願寺の末寺である。同町には宝光寺という真宗仏光寺派末寺と浄土宗義門寺があり、宝光寺門徒と義門寺檀徒は表向きそれぞれ旦那寺に遠慮しながら薩州仏飯講へ加わり、宗久寺を会所として月々の法会執行を取り行っていた。村岡新左衛門・島原栄助・村岡文平の三人は十日町の者で、他宗派檀徒や仏光寺派門徒の講世話を勤めていた。有原金蔵・入野林蔵・向高善右衛門の三人は薩摩領の者で講世話方であったというものである。

薩州内場仏飯講は紙屋・野尻・高原・高崎・三股・梅北・財部・末吉・大隅・福山・垂水と現在の宮崎県から鹿児島県に跨る講社で、紙屋の仏飯講員は信仰が許されていた幕府領宗久寺の法会に出ていたのであるが、その講に高岡の門徒が多数参加していたことが分かる。

薩摩藩高岡の講世話役は有原金蔵・入野林蔵・向高善右衛門の三人、入野林蔵と向高善右衛門は入野村の林蔵、向高村の善右衛門と解する。現在入野は綾町、向高は国富町であるが江戸時代は高岡郷であった。有原金蔵は有原という地名は現在存在しないので宮原の誤記と思われる。有と宮は崩した文字が似ていることから読み間違えたということも考えられ、それで宮原とすると綾町内の地名で高岡郷となる。宮原・入野・向高の三集落は幕府領本庄に隣接し、これら綾と高岡の隠れ門徒は薩州内場仏飯講員として宗久寺に参っていたことが分かる。入野の林蔵、向高の善右衛門、宮原の金蔵らは講世話をしていたということから、彼らそれぞれの里寺の番頭であったのであろう。

この仏飯講には真宗仏光寺派門徒や浄土宗檀徒も加わり、村岡新左衛門・島原栄助・村岡文平いずれも十日町三人が世話役をしていた。宝光寺境内に常夜灯が奉納されている。享保十八年（一七三三）先祖供養のために十日町島原甚兵衛（法名釈教祐）、同十四年には両親菩提供養のため鳥原兵右衛門が建立している、常夜灯を奉納するのであるから熱心な門徒であることは容易に察しがつく。宝光寺門徒の仏飯講員の世話をした島原栄助は十日町、常夜灯を奉納した二人の鳥原も十日町、もしかすると鳥原兵右衛門と鳥原甚兵衛は鳥原栄助の先祖かもしれない。

綾の隠れ念仏

『綾郷土誌』に一向宗の記述がある。綾郷内の六割は一向宗門徒と想定、特に入野に多くの門徒がいたと記している。入野の他に宮原や崎之田、尾原の門徒は森永（幕府領）の祇園様、本庄（幕府領）の稲荷様参りと称しては宗久寺に参詣していたが、発覚を恐れて真宗の僧を密かに招いていた。特に宮原は森永と境になっている小川を越えるだけで幕府領から薩摩領へ入ることができたので、夜間に真宗僧を招くことは容易であった。このときは遠く紙屋や野尻方面からも宮原まで来て説教を受け、夜の明けぬうちに帰った。「かみやんし（紙屋衆）」、「ゆんのし（入野衆）」と言って親しく交際、この心のつながりは大正時代まで続いたという。

また、阿弥陀如来像や南無阿弥陀仏の六字名号などを書いた小さな掛け軸（御本尊という）を氏神御神体の奥に隠したり、氏神御神体と偽装したりして拝む。氏神堂を家の裏山に建て、その後ろに小さな洞をつくり御本尊を安置し、表面上は氏神詣でであるが内実本尊を拝むということをしていた。家の床の間の下に穴を掘り、裏山の洞穴まで行くことができるトンネルを作り、四、五人で読経するなど信仰を守った。

このような極秘で信仰を続けることは薩摩や大隅、都城などで行われた講社と同じである。紙屋の門徒と親しく交わったとあることから、薩州内場仏飯講が綾まで組織されていたということも考えられる。

三　関外四カ郷とその特異性

関外四カ郷——薩摩本藩と異なる統治

高岡は南北朝期、小山田に穆佐城が築かれ新田方（南朝）の拠点となり、南朝方と北朝方の係争地となった。応永十年（一四〇三）穆佐は島津氏が領するが、伊東氏との間で領有をめぐる争いが続き、文安二年（一四四五）伊東氏領となった。しかし、天正五年（一五七七）伊東氏が没落すると再び島津氏領となり、同十五年豊臣秀吉による島津征伐に際し島津氏は秀吉に帰順、島津氏には穆佐院のほかに浦之名・飯田も与えられた。

慶長五年（一六〇〇）九月の飫肥伊東氏将稲津掃部助が、関ヶ原戦に伴って延岡領宮崎や薩摩領穆佐・倉岡などを攻めた。これを契機に島津氏は当時久津良と呼ばれた地に新たに天ヶ城を築き、その麓に高岡郷を創設して薩摩領内各所から多くの衆中を移住させた。高岡郷は綾郷・倉岡郷・穆佐郷とともに関外四カ郷として薩摩領東目防御の要所となった。

近世は支藩佐土原と本藩鹿児島を結ぶ、いわゆる薩摩街道と呼ばれる交通の要所、また大淀川舟運の要でもあり、関外四カ郷の中心地であった。

関外の関とは去川関をいい、鹿児島から見て去川関の外にある高岡、穆佐、倉岡、綾の四郷を関外四カ郷といった。現在の宮崎市高岡町、同倉岡、綾町、国富町の一部を指す。

高岡郷は士六百五十四人、士惣人数二千二人、浦之名・五町・内山・高浜・花見・飯田（以上宮崎市高岡町）、田尻・向高・深年・八代南俣・八代北俣（国富町）、入野（綾町）の十二か村、高二万千九百五石余である。

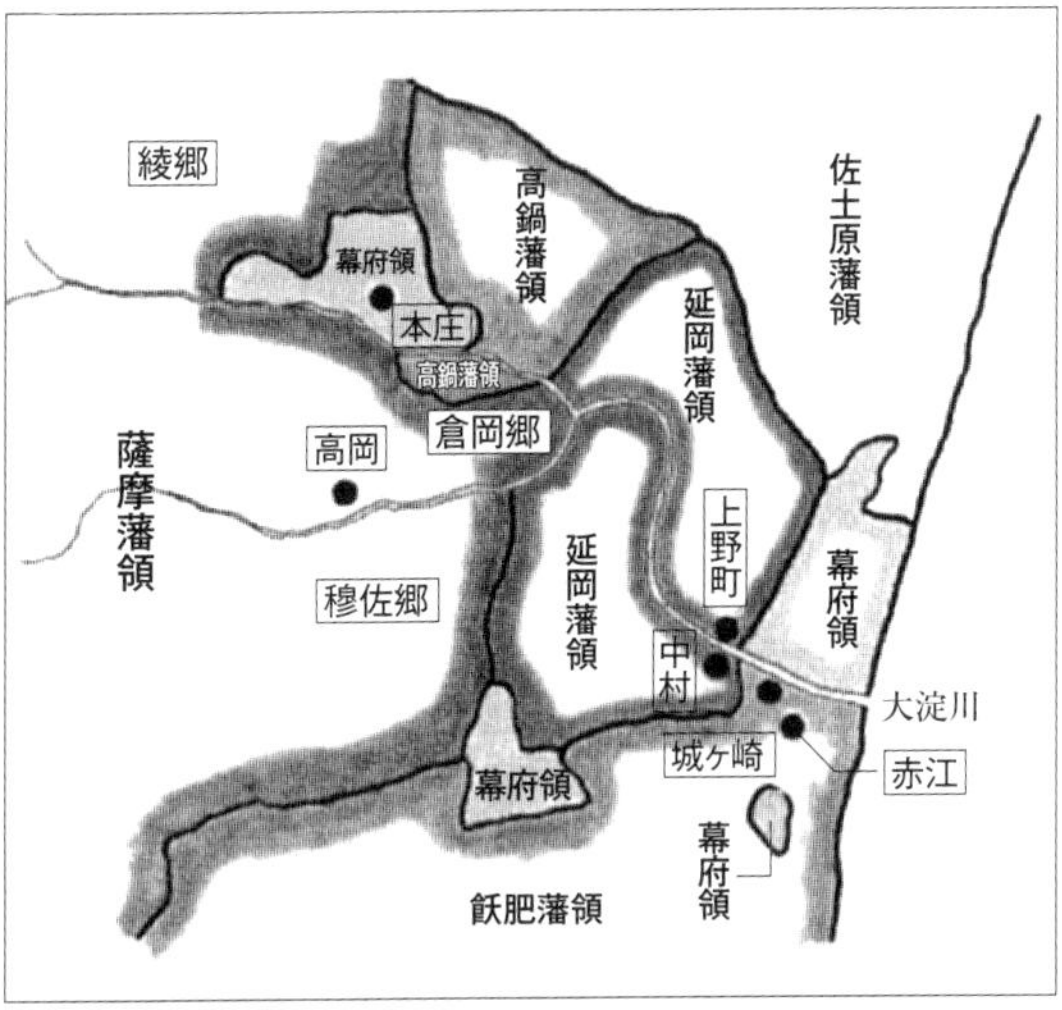

図８　大淀川中下流域各藩領に接する関外四カ郷

穆佐郷は士二百二十六人、士惣人数五百七十七人、上倉永・下倉永・小山田（宮崎市高岡町）の三か村、高四千二百七十二石余。

倉岡郷は士百六人、士惣人数二百三十八人、糸原・有田（宮崎市）の二か村、高千六百二十石余。

綾郷は士二百七十六人、士惣人数百四十三人、南俣・北俣（綾町）の二か村、高四千九百五十二石余である（「薩隅日惣高並郡郷村調」）。

この四郷は地形的に宮崎平野西部の一角を占め、大淀川右岸中流と大淀川支流本庄川流域に広がる。大淀川中流・下流域は現在宮崎市であるが、江戸時代は日向諸藩領地がモザイク状に配置されていた。高岡の北、綾の東の本庄（国富町）は幕府領、本庄に隣接する三名・木脇（国富町）と嵐田・金崎（宮崎市）は高鍋藩領、瓜生野・上北方・下北方・花ヶ島・江平・上別府・生目・富吉・大塚・太田・古城・源藤（宮崎市）は延岡藩領、大淀川最下流域右岸、赤江や加納は清武郷といって飫肥藩領、その対岸新別府などは幕府領であった。

各藩中心地の城下及び城付地は行政管理が行き届くが、城下から遠く離れた飛び地は管理体制が徹底せず、逃散とか強訴など一揆という形で現れる。

寛延三年（一七五〇）、延岡領宮崎で五ヶ村騒動が起きている。五ヶ村とは富吉・瓜生野・大塚・長嶺・大瀬町で、検見による年貢上納を要求しての騒動であった。延岡藩は今の大分県にも飛び地があり、また遠隔地高千穂も有しこれらで一揆が頻発、宝暦五年（一七五五）には山裏村（高千穂町・日之影町）の百姓が豊後国竹田（大分県）へ逃散している。

高鍋藩も飛び地福嶋（串間市）や諸県（国富町）の統治に苦慮し、福嶋では寛文七年（一六六七）、同八年、元禄十五年（一七〇二）、正徳三年（一七一三）に直訴や飫肥藩への逃散が起こり、飛び地諸県三名でも薩摩領へ逃散するなど一揆が起きている。

飫肥藩は善政を行ったとされ一揆は殆ど見られないが、貞享二年（一六八五）清武郷田野村の佐野・八重の郷士や百姓が薩摩藩山之口へ逃散している。飫肥藩は城下の飫肥と清武郷の間に北郷の山地があり、清武郷は一種飛び地的位置関係にあったことと、田野の逃散は薩摩と飫肥の藩境争いとなった牛の峠問題に絡んで、都城島津氏から佐野・八重の村民への関与があったとする考えもある。

佐土原藩では一揆がみられないが、これは宗藩薩摩と同様門割制度による農民統制が徹底、厳しい管理が行われていたからとされている。

高岡郷の六十六部

薩摩本藩では絶対ないと考えられる六十六部廻国供養塔が高岡郷に二基存在する。一つは高岡坂ノ下稲荷の境内にある供養塔で、「奉納大乗妙典日本回国中供養塚」の銘があり、天保三年（一八三二）江戸の平蔵と加賀（石川県）の清次良が願主となっている。

碑の右側面に「奉建立金毘羅宮　石檀四間半」とあり、これが碑建立の理由と解される。金毘羅宮参道の石段長さ四間半とあるので、凡そ八メートルの石段を平蔵と清次良が建設奉納したのである。昔、稲荷上の崖の中腹に金毘羅宮が祀ってあり、夜は遠くからでも蝋燭の火が見えたと古老は伝えている。石段建設には結構日数がかかることから、宿を岡本卯兵衛という者が提供、碑建立に際して高岡中町岡本八兵衛、日高三右エ門、岩元畩次良の三人が世話役として名を連ねているが、この者たちは石段建設中も何かと世話をしたのであろう。

六十六部廻国供養塔（旧高岡町）

もう一つは法華岳薬師寺山門脇にある。文政十二年（一八二九）越後（新潟県）の八左エ門と信州（長野県）の浅右エ門が建立した供養塔で、「奉納大乗妙典六十六部日本徊國中供養」とあり何の変哲もないが、よく見ると「道建立」とあり、麓から法華嶽寺への参道開鑿を行ったことが読み取れる。備後（広島県）の林右エ門や肥後（熊本県）の新九良、豫州（愛媛県）の秀助などの六十六部も名を連ねていることから、これらも何らかの加勢をしたのであろう。

現在、麓から車で法華岳薬師寺まで上がることができるが急坂でカーブが多い。江戸時代は勿論徒歩だったわけで、急坂で曲がりくねった細道を苦労している参拝者を見て参道改修を申し出たのであろう。

江戸時代、法華嶽寺（法華岳薬師寺）は日向国に於ける参拝寺院と『塩尻』に紹介されている。『塩尻』は尾張藩士天野信景が六十六部参詣寺院として各国一か所の参詣寺社を示したもので、法華嶽寺は「日向法花嶽釈迦」とあり日向国の代表として紹介している。因みに近辺をみると大隅は「大隅八幡弥陀」（鹿児島神社）、薩摩は「薩州新田弥陀」（新田神社）、豊前は「豊前宇佐弥陀」（宇佐神宮）、肥後は「肥後阿蘇宮十一面」（阿蘇神社）である。

六十六部廻国供養塔
（法華岳薬師寺）

法華嶽寺は六十六部達には全国的に知られた寺院で多くの参拝があった。現在の国富町本庄（幕府領）や宮崎（延岡藩飛び地）に、宮崎県内に残る六十六部廻国供養塔の大半が集中しているが、これは法華嶽寺麓の深年や八代（国富町）、綾（綾町）は薩摩藩で六十六部滞在は不可能であったことによる。

階段建設の申し出を受けた金毘羅宮、参道改修の申し出を得た法華嶽寺はあり難い話と役所に許可を求め、高岡地頭所はそれを認めたのである。病気や怪我でない以上六十六部の二泊は認めない薩摩藩であったが、地頭や噯など高岡郷役人は階段建設、参道普請の竣工までは滞在させることを許可したのであろう。

関外四カ郷は日向諸藩や幕府領に接し、防備を旨とする特別な地域であったため、一々本藩に伺わず事の処理をすることが認められていた。例えば綾郷に侵入した大泥棒芝之助の処刑は本藩大目付座へ連行せず、所役職で処分している（『綾郷土誌』）。

六十六部への対応の差

六十六部による階段建設や石橋架橋は日向諸藩では決して珍しいことではなかった（第二章一節参照）。これら階段建設や石橋架橋については、当時藩が異なってはいたが地域的にはそう遠くない地域のできごと、高岡の役人は知っていたのではないか。そして、本藩が六十六部による一向宗門徒支援を疑っていることに対し、高岡郷ではそういう動きが見られないことなど知っていたのではないかと推察する。法華嶽寺参道改修の八左エ門と浅右エ門や金毘羅宮石段建設の平蔵と清次良など、これら六十六部の行動に対して監視行動を怠らないことを条件に申し出を許可したのであろう。

薩摩本藩に於いては他国者と入魂《じっこん》になることを厳禁し、原則二泊以上の逗留を認めていないが、これは一向宗問題もさることながら薩摩領民が他藩領民と親しくなり、他藩の状況を知ることによって、薩摩領民が経済的に悲惨な状況に置かれていることに気づくことを極端に恐れていたからである。しかし、関外四カ郷は東と北は大淀川が織りなす広大な平野、そこには幕府領や高鍋藩、延岡藩の飛び地それに飫肥藩清武郷が位置して自由な経済活動、庶民文化興隆が展開された。そういう状況から四カ郷領民の目を覆い、他藩情報を遮断することは不可能であった。それで本藩は四カ郷の西と南は本藩に接するがどちらも山地、ここで不審人物や他国の情報侵入の阻止を考えた。

山之口は一之渡・日当瀬・天神・飛松の番所、高岡は野崎・内ノ八重・浦之名・去川、綾の上畑・綾広沢・法華岳の番所、野尻は紙屋・市ノ瀬の番所で人や情報の進入を阻止した。四カ郷中でも高岡は大淀川中下流域との経済交流は不可欠、高岡商人などはむしろ積極的に延岡領上野町（宮崎市）などへ進出し、薩摩本藩とは異なった自由な経済活動を行っていたのである。

都城や小林、内場と呼ばれた野尻や高原、高崎など宮崎県内の旧薩摩領内では六十六部廻国供養塔は現時点で確認していない。関外四カ郷高岡の二基が唯一薩摩領で建立されたものである。

高岡法華宗

高岡が他の外城と違った宗教政策をとっていた例証として、法華宗を認めていたことを挙げることができる。法華宗は鎌倉中期に日蓮によって開かれ、もっぱら「法華経」読誦《どくじゅ》だけで帰依できるとするので法華宗と称していたが、安土桃山時代の末期には一般に天台法華宗と区別するために、日蓮法華宗、日蓮宗といわれるようになった。

法華宗（日蓮宗）の一派に不受布施派（派祖日奥）があり、法華経の信者以外から布施を受けず、施さないという教義であった。江戸幕府は宗教統制の基本方針として、寺院に朱印地を与え、これと引き替えに権力への従順を要求していたので、それに従わない不受布施派を寛文七年（一六六七）禁止した。不受布施派の中心人物の一人であった日講は、寛文六年日向国佐土原藩に流されている。高鍋藩には法華宗寺院が一か寺も存在しないのは、不受布施派に対する恐れがあったのであろうか。

薩摩藩は、近世島津氏発展の基礎をつくった島津忠良が「魔の所為か天けんおがみ法華宗一向宗に数寄の小座敷」と詠んでいる。忠良は切支丹、法華宗、一向宗、茶屋遊びは領内を腐敗させるものとして毛嫌いしていた。薩摩藩は年代が不明だが法華宗（日蓮宗）信仰を禁止する触れを出している。

日講墓（旧佐土原町）

不受布施派の中心人物。佐土原藩に預けられた。佐土原の文化向上に寄与した

「今度日蓮宗の儀につき公儀より仰せ渡さる儀これあり候間、御書の趣謹しみて承知奉られ、組中地頭所私領ならびに支配中へも堅く申し渡さるべきもの也

五月二十八日

評定所」（『古今山之口記録』）

「公儀より仰せ渡さる儀」とあることから、幕府が寛文七年にだした不受布施派禁止をい

っているのであろう。キリスト教と日蓮宗不受布施派は江戸幕府からの禁制で、薩摩藩はさらに一向宗禁制も加えて藩独自の宗教政策をとっていた。

江戸時代、都城や小林、西諸県、北諸県など薩摩藩であった領内には法華宗寺院は一か寺もなく、現在鹿児島県となっている薩摩藩内にも一か寺も存在しなかった。ただ種子島に一か寺容認されていたという。こういう状況下にあって高岡郷には浦之名に法華宗本永寺、寺田に同宗顕本寺があったのは特別であろう。

本永寺は日向財光寺（日向市）の定善寺のもと顕本寺（創建時期不明、本永寺末）とともに日向国内では有力な寺院で、永正十一年（一五一四）日向細島出身の日要が建立し、師の日朝を開山に招いている。日朝は九州における宗勢衰退を回復すべく学頭職を置くために下向していたのである。文亀二年（一五〇二）日要は顕本寺の日杲を日向学頭職に継承させている。本来学頭職は本永寺に置かれるべきものであったが、本永寺は旦那や所領をもっていなかったため経済的基盤がなく、そのため日要は顕本寺と本永寺が一体となって学頭職を行うことを定めた。

この時期は都於郡伊東氏が日向国を治めていた頃のことで、伊東氏は法華宗を認めていた。その後天正五年（一五七七）島津氏が日向国を治めるようになっても両寺院は廃寺されず残っている。『日向地誌』によると本永寺が慶應三年（一八六七）、顕本寺も同三年に明治政府の廃仏毀釈令で廃寺となっていることから、江戸時代を通じて存在していたことが分かる。

薩摩藩が本永寺・顕本寺の両寺院の存在を容認した理由は不明であるが、不受布施派でなく支配者に恭順する受派であったことが考えられる。

関外四カ郷の特異性

薩摩藩は他藩となるだけ交流しないで藩内だけで自給自足の経済を維持するという、言わば日本国内で鎖国する二重鎖国を実施していた。ここでは一向宗禁制、不受不施派排斥の宗教政策、密貿易実施、門制度による百姓の管理など他の藩では例を見ない政策をとっていた。他藩から薩摩領内へ入ることを厳しく制限し、薩摩領民が無断で藩外へ出ることも厳禁であった。

天保六年（一八三五）の大法難以降、飫肥領田野と薩摩領山之口間には辺路番所を数か所増設しているが、これは他国から薩摩入国に備えたものというより薩摩領民の逃亡に備えたものと考えられる。

薩摩藩は藩境に境目番所や辺路番所百数十か所を設置し出入国を管理したが、関外四カ郷は大淀川流域平野部、藩境は水田畑地が広がり、番所機能を十分発揮できない地理的問題があり、領民の他領への行き来は可能であった。

鹿児島からみると去川ノ関から外は薩摩領ではあるが本藩より自由な地域と思われ、例えば罪人など去川より先に出すということは逃亡される、逃亡されると再度捕えることができないと考えられ、放免できない重罪人は去川関外で殺害することが慣例となっていたことは史家も認めるところである。

清武の安井滄洲は高岡高浜の月知梅をよく訪問しているが、藩境に位置する穆佐的野や高岡花見で薩摩入国する訳だが辺路番所もなく自由に入っている。前述のように文政三年（一八二〇）霧島湯治と鹿児島見物で薩摩を訪問するが、高岡は自由に通行し入国手続きは紙屋境目番所であった。高岡など関外四カ郷は他藩の者でも自由に出入りでき、四カ郷の領民も幕府領本庄や高鍋領嵐田、延岡領生目などへも行けたのである。

高岡粟野神社例祭は大淀川を下り十キロほど下流延岡藩上野まで浜下りしていた。大勢が舟を連ねて下り旅所の商人町上野町や中村で高岡と異なる庶民文化に触れ、浜下り途中では高鍋や延岡領民の農業を見たことであろう。薩摩本藩の百姓や下級郷士には「見せず知らせず」の政策で生涯他国を見ることができなかったといわれるが、それに比すと四カ郷領民は全く別扱いであったことが想像できる。

関外四カ郷は薩摩であって薩摩でなかったのかも知れない。都城や小林、えびのなどの高齢者にはいわゆる薩摩弁が根強く残っているが、四カ郷の高齢者にはそれを感じないのも、このことが関係していると言える。

第六章　廃仏毀釈を免れた真宗寺院

――大淀川の南と北、および桂久武のこと

一　八割の寺院が消えた――明治の廃仏毀釈の嵐

八割以上の寺院が廃棄された

明治政府は慶応四年（一八六八）三月、神仏判然令などを出し、神仏習合を否定し神道国教化をめざした。神社の社僧、別当には還俗を命じ、神仏習合の権現、菩薩など神号の廃止、神前の仏具撤去、寺院による神社祭祀関与の禁止など、神社から仏教的要素を一掃した。そして、仏教式の葬祭をやめ神道式の葬祭をするよう布達した。

このことがきっかけとなり神道家などを中心に、神仏分離を拡大解釈し廃仏廃寺へと運動を発展させた。各地で神職や国学者、地方官吏らに率いられた民衆が仏教排斥行動を展開、寺院や仏像の破壊を行った。神仏分離は国策であったが廃仏毀釈は必ずしも明治政府が意図したものではなく、江戸幕府の仏教保護政策によって常に僧職より下の地位に置かれていた神職らは、それまでの積年の鬱憤が爆発、千載一遇のチャンスとばかりに寺院破壊から経典・仏具の焼却へと発展させた。神仏分離令の真意がなかなか理解されず廃仏毀釈の暴挙となったのである。政府は神仏分離を慎重にすべしと命令し社人の暴挙を戒め、真宗に対しては門徒への説諭を命じている。

表5は江戸末期、**表6**は明治初期の宮崎県内宗派別寺院数である。宮崎県内に六百二も存在した寺

表5　江戸末期日向諸藩領内宗派別寺院数

	禅　宗	真言宗	天台宗	浄土宗	真　宗	法華宗	時　宗	時　宗
延岡藩領	49	16	5	3	22	4	0	99
高鍋藩領	37	40	0	12	7	0	1	97
佐土原藩領	54	22	0	15	5	3	6	105
飫肥藩領	30	24	0	4	16	3	2	79
幕府領	25	15	3	1	14	5	2	65
薩摩藩領	87	55	6	1	0	2	6	157
計	282	172	14	36	64	17	17	602

＊薩摩藩領は明治になって宮崎県となった旧薩摩領

（『日向地誌』「高鍋藩寺社帳天保五年改正」より作成）

表6　明治初期旧藩領別宗派別寺院数

	禅　宗	真言宗	天台宗	浄土宗	真　宗	法華宗	時　宗	時　宗
旧延岡藩領	33	4	1	2	9	3	0	52
旧高鍋藩領	2	1	0	2	7	0	0	12
旧佐土原藩領	2	1	0	1	3	1	1	9
旧飫肥藩領	0	0	0	0	16	0	0	16
旧幕府領	6	2	1	1	13	5	0	28
旧薩摩藩領	0	0	0	0	0	0	0	0
計	43	8	2	6	48	9	1	117

（『日向地誌』より作成）

院は、百十七か寺とおよそ五分の一に激減した。これを旧藩毎にみていくと、旧延岡藩は九十九か寺が五十二か寺となり、旧高鍋藩は九十七か寺が十二か寺、旧佐土原藩は百五か寺が九か寺、旧飫肥藩は七十九か寺が十六か寺、旧幕府領は六十五か寺が二十八か寺となった。

　全国各藩で最も激しい廃仏を実行したのは旧薩摩藩で、日向国内薩摩領で百五十七か寺あった寺院は一か寺も残さず廃棄され、薩摩藩全体では一〇六六の寺院が全廃された。薩摩藩では明治政府が神仏分離策を出す以前から、儒学や国学が流行っており中でも後醍院真柱を中心とする平田（篤胤）派の国学者が多く、また、国学者で神道学者の田中頼庸らは復古神道廃仏論を盛んに唱えていた。

「慶応元年の春、藩の少壮者は、水戸藩の例に倣ひ、廃仏断行、僧侶還俗の事を家老桂久武に建議し、桂も之に賛同して忠義・久光に経伺の上、自らその任に当り（略）寺院処分の取調を命ずる事となった。」（『鹿児島縣史』）

また、薩摩藩は他藩と違って寺請制度が行われていなく、寺院と民衆との間に結びつきが希薄であったため、武士の扇動にのって庶民も寺院破棄に追随したのである。藩当局は島津家ゆかりの寺院、例えば日新寺（島津忠良）、妙円寺（義弘）、南林寺（貴久）など寺院の処置に苦慮したが、明治二年（一八六九）三月島津忠義の妻が死去、その葬儀を神式で行ったことが島津氏の仏教離れを示したことになり、それらの寺院の廃棄も行われた。

『鹿児島縣史』では「（薩摩藩では）廢佛毀釋によって困窮した人はいなく、多くは他の方面で活動し、又本寺本山等に訴へて之を阻止しようとした者もなかったから、萬事圓満に遂行された」としている。これには藩内国学者らの復古神道思想を藩主に私淑させるなどの根回し、還俗した住職には寺院の建物・敷地・財産を与えるなど、周到な計画のもとに実施されたからであろう。しかし、他に例を見ない藩内全ての寺院を廃棄するという暴挙を行い、多くの文化財を失うという将来に禍根を残す事態となったのは確かである。

各旧藩の状況を省みるに延岡藩は半数程の寺院が残っているが、これは延岡藩が譜代であったため明治政府の政策に積極的に関わらなかったのではないかと考える。これに対し薩摩藩は新政府を支える中心的な地位にいたことが薩摩藩内全寺院を廃棄する行動をとらせたのであろう。

仏像・仏具も徹底破壊

廃棄されたのは仏閣だけではなかった。「藩は相當多額の舊寺領を収め、梵鐘・佛具・佛像等を鋳潰して兵器或は通貨等を多數に得た」(『鹿児島縣史』)とあるように、金属製の仏像・仏具、梵鐘は鋳潰して再利用、山門の仁王や境内の石像は破壊した。現在小林や高原などに仁王像をみるが注意して見ると、首や腕がコンクリートで接着されている。復元できるのは破壊の程度が軽いとみてよい。高岡の龍泉寺址には六地蔵幢の龕《がん》部だけが数個縦に積んである。宝珠や笠、中台、竿部など徹底して破壊したのであろう。首のない石像を見かけるが、多くは明治初期の廃仏時の破壊である。日向諸藩でもそうした破壊がみられる。しかし、薩摩ほどひどくはなく、無傷の仏像を多く見ることができ、破壊されていても旧薩摩領のように徹底していない。

破壊された仁王像（三股町）

薩摩領民にも仏像破壊は忍びないと人目に付かないところに隠したと伝える事例が存在する。綾町川中神社の阿弥陀如来像（県指定文化財）は西光寺本尊だったが奥の院の洞窟に隠して無事だったとか、薩摩領綾の仏像を幕府領森永の寺に移して破壊から免れたなどと伝えている。

小林市本願寺派浄信寺に六地蔵幢が祀ってある。天文三年（一五三四）の建立、旧薩摩藩にあった幢にしては珍しく無傷である。本幢は小林市細野、加治屋の溜池に投げ込んであったものを浄信寺門徒が寺に持ち込んだもので、竿部に年号と「十方旦那本願□」の文字がある。宮崎辺りの六地蔵幢にはキャ・カ・ラ・バ・ア及びその四体変化の梵字が刻んであるがこの幢に梵字は刻んでない。「本願」の下は欠け読み取り不能、龕部には六体の地蔵と阿弥陀如来、不動明王の二体が彫りこんである。宮崎周辺の六地蔵幢にも六体の地蔵以外に阿弥陀や釈迦の二体が彫ってある例はあるが、不動明王が彫ってあるのは気付かない。

六地蔵幢の阿弥陀如来（浄信寺）

宮崎県内の中世の石塔や板碑、墓石を記録した『日向の金石文』という書があるが、この浄信寺六地蔵幢は記録されていない。宮崎県史蹟主事瀬之口傳九郎が昭和十年代（刊行同十七年）に調査していた頃にはまだ溜池の中にあったのであろう。『日向の金石文』で六地蔵幢をみると、文安四年（一四四七）小林市にあるものが最も古くこの幢は十番目に古いということになる。

龕部に彫ってある地蔵と阿弥陀如来、不動明王の各像は破損もなく像容が鮮明に残っている。県内の六地蔵幢には像の顔面や頭部が壊されたものが少なからずあり、これは明治初期、廃仏毀釈の風潮に踊らされた者たちによる行為であると言われ、石像全てを破壊しなくても仏像の顔面を壊せば仏の意味を成さないと信じられていたことによるという。

浄信寺の諸仏は破損がなくさらに溜池に投げ込んであったという。明治三十九年（一九〇六）関ヶ原役記念碑が小林市三松小学校に建立されていたが、昭和二十年敗戦後、占領軍の軍事的愛国的造形物の破棄命令に対し、地区の有志は校庭隅に埋めて隠した。占領軍撤収後掘り出して建立、今日に残ることになったという。宮崎市立内海小学校校庭に、明治四十一年（一九〇八）皇太子であった大正天皇が宮崎行啓の記念碑がある。そのとき供奉した東郷平八郎の揮毫であるが、この碑も終戦後しばらく地中に埋め占領軍の目に触れないようにした。埋めて隠すというような行為は周囲の協力があれば出来ることである。

室町末期から禁制となった一向宗門徒は、この浄信寺六地蔵幢の阿弥陀如来を密かに拝んでいたのではないか、明治初期の廃仏毀釈に対し門徒たちは溜池に沈め阿弥陀如来の破壊を防いだのではないかと推察している。

二　大淀川の南と北

宗派別廃棄寺院

次に、前節の表5と表6（二五八頁参照）から廃棄の状況を宗派別にみてみる。禅宗は二百八十二か寺から四十三か寺と六分の一に減少、真言宗は百七十二か寺から八か寺となり二十分の一弱に減少、天台宗は二か寺残るのみとなっている。浄土宗は三十六か寺から六か寺六分の一と減少、法華宗は十七か寺から九か寺で五分の三に減少、時宗は十七か寺から一か寺となり二十分の一に減っている。

廃棄された寺院が最も少ないのは真宗（一向宗）寺院、六十四か寺から四十八か寺の減少で、中でも旧飫肥藩では十六か寺あった真宗寺院は一か寺も廃棄されていない。旧飫肥藩では真宗寺院以外はどの宗派もすべて廃棄された。

明治五年（一八七二）二月三十日、旧飫肥県（明治四年十一月都城県になっている）が大蔵省へ提出した廃寺伺が残っている。

「　廃寺伺　明治五年二月三十日

禅宗　報恩寺　願成就寺末　長持寺末　報恩寺末　空也寺末

同　安国寺　東光寺　極楽寺　常光寺　正行寺

同　文永寺　法満寺　高林寺　無量寺
真言宗　願成就寺　長満寺　祥雲寺　真光寺
禅宗　長持寺　長禅寺　松崎寺　大仙寺
浄土宗　空也寺　金光寺　阿弥陀寺　龍興寺
同　西雲寺　海門寺　宝昌寺　幸福寺
同　称名院　金蓮寺　満福寺
法華宗　本照寺　普門院　長慶寺
同　本源寺　千手院　慈眼寺
同　蓮徳寺　内山寺　善福寺
時宗　光照寺　福長院　松福寺
如法寺　長延寺
阿弥陀寺　円目寺
護国寺
観音寺
普蔵寺
西光寺

右寺院先般本寺へ合併仕置候処、寺檀とも故障これなき候につき廃寺仕り候ても苦しからず候

哉

右去る辛未（年）十月旧県地より差越し候処、廃県仰せ出され候砌《みぎり》に差懸り添書御座なく候につき是まで差扣《ひか》え居り候へども、都城県官員今以って出京これなきにつき添書なく伺い奉り候、以上

壬申二月三十日　　　　　　　　　　　　旧飫肥県

大蔵省御中

書面廃寺境内等は入札を以って払い下ぐべし、尤も寄付地等これ有り候わばその寄付人の処分に仕るべく候こと

壬申三月四日　　　　　　　　　　大蔵大輔　井上　馨」（『嶠南日誌第二巻』）

これで、前記寺院はことごとく廃棄されたのであるが、なぜか十六か寺の真宗寺院は残置された。これに対し、山之城民平氏は「真宗が残置されたのは何故であるか判明しないが、一説には維新後は何事も鹿児島の風にならったが、薩藩には豊臣氏島津征伐以来真宗を絶滅し、維新廃仏の際には同宗はなかったのでその影響であらうとの説がある。亦同宗の或る僧侶が之に応じなかったとの説もあるが、しかし当時の勢ひは一二の人の力では如何ともなし難かつた筈である。又ある説には同宗は世襲であって家族を有し且従来禄を受けなかったから他宗と同一に処分し難い事情があって廃棄をなさなかったとのことである。これが蓋し真相であろう」（『近世飫肥史稿』）としている。

この三つの説いずれも誤っている。先ず、廃寺を鹿児島に習うというは頷けるが、薩藩は真宗禁制

で一か寺も存在しなかったので旧飫肥藩には残したというのは意味が分からない。豊臣秀吉の島津征伐から真宗禁制が始まったというのも誤り、天正十三年（一五八五）九月十五日の『上井覚兼日記』にはすでに禁止していることを窺わせる記載がある。三番目の住職が世襲で藩の禄を受けなかったから処分が難しかったというのは山之城氏も同意しているが、藩の禄を給されていない寺院は多く、例えば清武中野の真言宗阿弥陀寺、城ケ崎の真言宗福長院、同如宝寺、加江田の真言宗内山寺などがあり、系図で世襲が明らかで無禄の寺院として加納の真言宗大聖寺などもありこの説も成り立たない。二番目の僧侶が廃寺に応じなかったというのは言わずもがなということである。

それに山之城氏が考察していないのに、高鍋藩領福嶋（串間市）は真宗正国寺だけ残り他は全部廃寺、それから延岡領中村（宮崎市）の真宗善照寺を残していることである。山之城氏は飫肥藩内だけで考察していて、廃寺が行われた明治五年（一八七二）大淀川以南は都城県となっていること、飫肥藩内の廃寺は旧藩ではなく明治政府の神仏分離を拡大解釈した都城県が実施したことを考慮していないことである。

「（明治五年七月）二十一日、早朝より旧報恩寺に参詣（略）、去年飫肥清武の諸寺皆廃寺につき、報恩寺も廃寺なれば仏殿より門屏にいたる迄皆廃棄にて目もあてられぬ躰なり、右につき更に神殿の設これあり」（『嶠南日誌第二巻』）

明治四年旧飫肥領民は伊東家累代の霊を祀る神社を報恩寺址に建立することにした。神社名は伊東祐持の日向国下向から最後の藩主祐相東上に至るまで五百三十五年を経ていることから、祐相自ら五《い》百禩《おし》神社と命名した。

「（同年九月）十九日、旧報恩寺境内に伊東家代々の神殿落成、今日遷宮の式行われ神楽これあり候、是は当春朝廷に伺い済の上飫肥清武は残らず廃寺（略）につき右通り也」と、平部嶠南は記している。

日向諸藩の真宗寺院に対し本願寺から廃寺しないよう指令が出ていたのではないか。串間市の正国寺は廃寺を求めてくる愚衆から住職と門徒は必死になって守ったと伝えている。真宗は中世から時の領主・藩主など権力側に対し一向一揆を起こして抵抗・反抗してきた教団であり、明治政府の理不尽な政策に対しこの時も権力側の指示に従わず抵抗したのではないか。

五百禩神社（日南市）
報恩寺を廃し神社を建立した

国内では明治政府の神仏分離政策を積極的に受け入れ、特に「佐渡、富山、松本、美濃苗木などの諸藩では、寺院の廃止併合、僧侶の帰農」が指令され（『万有百科事典』）、薩摩藩も寺院を全廃したが、一向宗門徒が多数を占める三河（愛知県）や信越地方（長野県・新潟県）では、一向宗（真宗）寺院の廃寺に対して一向宗門徒の一揆が起こったのである。明治政府は社人の粗暴を戒めるとともに、本願寺派・大谷派・仏光寺派など一向宗（真宗）各派に対して、門徒に一揆を起こさないよう諭すことを命じたのである。

旧飫肥藩内の一向宗（真宗）寺院が一か寺も廃寺とならなかったのは、他に理由があったのではないか。

残置された寺院

これについての資料はないが、『日向地誌』にそれを窺わせる記載がある。『日向地誌』は明治七年（一八七四）の宮崎県の委嘱を平部嶠南がうけて調査編纂した地理誌で、記述は明治八年現在の資料を主とし不備な町村は明治十二年までの資料で補っている。この地誌には村毎に「寺」「古迹」の項があり、「寺」はその当時存在した寺院、「古迹」は廃寺となった寺院が記載されている。例えば、那珂郡熊野村（宮崎市熊野）を例示すると、寺の項では「西教寺、真宗西本願寺ノ末派、木崎原ニアリ、広二段十一歩」、古迹の項では「法満寺址、真言宗飫肥願成就寺ノ末派ナリ、木花山ノ南畔ニアリ（略）明治五年壬申廃ス、今宅地トナル」とある。

以下、西教寺のように寺の項にある寺院は廃寺されなかった寺院として、廃寺されなかった寺院を宗派別・地域別にみることにする。

禅宗は旧延岡藩に多く三十三か寺、中でも台雲寺（延岡）とその末寺が多く、現在の地域でいうと延岡市や入郷《いりごう》（美郷町西郷・北郷・南郷と日向市東郷）である。旧高鍋藩は国富町木脇の興照寺など二か寺、旧佐土原藩は大光寺など二か寺、旧幕府領は観音寺（日知屋）や如法寺（穂北）など六か寺である。

真言宗は旧延岡藩では長久寺（宮崎市）、永願寺（加草）など四か寺、旧高鍋藩は照崎寺（嵐田）の一か寺、旧佐土原藩は黒貫寺（西都市）の一か寺、幕府領は中野寺（平岩）、長安寺（調殿）の二か寺都合八か寺であった。

天台宗は旧延岡藩の善正寺（岡富）と旧幕府領本庄満福寺の各一か寺であった。浄土宗は旧延岡藩に三福寺（岡富）と常念寺（大武）、旧高鍋藩に円福寺（高鍋）と円浄寺（高鍋）、旧佐土原藩に高月院（佐土原）、旧幕府領は義門寺（本庄）の六か寺である。

法華宗は旧延岡藩の法蔵寺（赤水）など三か寺、旧佐土原藩は吉祥寺（佐土原）、旧幕府領は定善寺（財光寺）など五か寺、計九か寺である。

真宗は、旧延岡藩では善照寺（宮崎）、妙専寺（延岡岡富）、発願寺（北浦）など九か寺、旧高鍋藩は称専寺（高鍋）、正国寺（串間）などの七か寺、旧佐土原藩は崇称寺（佐土原）など三か寺、旧飫肥藩は西教寺（宮崎）や西導寺（田野）など十六か寺、旧幕府領は宗久寺（本庄）、光源寺（穂北）など十三か寺、計四十八か寺であった。

時宗は旧佐土原藩の光照寺（鹿野田）のみが残った。

大淀川の南と北で一変する寺院廃棄

廃棄されなかった寺院は旧飫肥藩真宗十六か寺と旧高鍋領福嶋の同一か寺、旧延岡領太田中村の同一か寺、旧延岡領大塚の真言宗一か寺で、すべて大淀川以南の寺院である。廃仏毀釈が実行された明治四年から五年、宮崎県は大淀川を境に北は美々津県、南は都城県であった。

明治四年（一八七一）七月十四日、廃藩置県が宣言され旧藩は延岡県・高鍋県・佐土原県・飫肥県・鹿児島県（諸県郡）、人吉県（米良）となった。さらに、同年十一月十四日、宮崎は大淀川を境に北は美々津県、南は都城県となった。

都城県域は都城、西諸県・北諸県・東諸県の三郡をはじめ、大淀川以南の宮崎郡・南那珂郡・噌唹郡・姶良郡・肝属郡で現在の鹿児島県大隅地方の一部も含まれた。都城県庁は上長飯村（都城市）に置かれ、参事（知事）に旧鹿児島県権大参事桂久武が任じられた。

桂は「明治五年壬申二月、日州宮崎県内は神仏二道勝手次第」と布告があったにもかかわらず、真宗寺院以外を悉く廃寺にした。もっとも、都城など旧薩摩藩内は明治二年の時点で全ての寺院が廃棄されていたので、その対象は旧飫肥藩と旧高鍋領福嶋、旧延岡領宮崎のうち大淀川右岸太田や古城・大塚・生目などであった。

幕末、桂久武は薩摩藩家老であったが明治二年には薩摩藩参政となって藩政改革に当たっている。翌三年桂は西郷隆盛とともに権大参事となり、四年に都城県参事として着任、都城県内すべての寺院廃棄を指示、旧飫肥県はそれに従ったのである。前述、明治五年二月の「旧飫肥県廃寺伺」である。

統計的に比較するため旧延岡藩とか旧高鍋藩、旧佐土原藩など旧藩の枠で考察したが、明治初期の宗教政策を考える場合、各藩はすでに廃藩されていた訳で都城県と美々津県の宗教政策で考察しなければならない。

旧佐土原藩（佐土原県）は明治四年（一八七一）六月までに一宗一寺を残すことにし八十一か寺を廃棄

していた。さらに宗藩薩摩の意向に従ったらしく同月明治政府に全廃の伺いを提出した。

「　寺院廃絶の儀伺　　明治四年六月二十五日
西京浄土宗知恩院末　　高月院
山城国新義真言宗報恩院末　黒貫寺
西京済家宗妙心寺　　大光寺
越前国曹洞宗永平寺末　　大安寺
西京本日蓮宗能寺末　　吉祥寺
西京浄土宗本願寺末　　崇称寺
　　蓮光寺
相模国時宗清浄光寺末　　光照寺
右先般藩内寺院一宗一ヶ寺宛相残合併申付置候処、右残置候寺院廃止之儀ニ付藩中檀家一同聊故障無之候間、都而廃止仕度此段奉伺候、以上
　辛未六月二十五日
佐土原藩
　弁官御中
」（『宮崎県史史料編近・現代2』）

しかし、同年七月地方制度改革で全国の藩が廃されて府県が置かれることになり、佐土原藩は佐土原県となり廃寺伺いは実施されなかった。

表7　美々津県・都城県別明治初期宗派別寺院数

	禅宗	真言宗	天台宗	浄土宗	真宗	法華宗	時宗	時宗
美々津県	43	7	2	6	30	9	1	98
都城県	0	1	0	0	18	0	0	19
計	43	8	2	6	48	9	1	117

美々津県・都城県（明治4年11月14日~6年1月15日）大淀川以北美々津県、以南都城県

表7「美々津県・都城県別明治初期宗派別寺院数」をみると都城県は廃仏を徹底して実行し、美々津県はそれほどではなかったということが分かる。宮崎県における明治初期の宗教政策は大淀川を境に大きな違いをみせたのである。

様相を異にする山間地

ここで宮崎県の山間部をみておこう。少し様相が異なっている。旧延岡藩であった延岡から入郷にかけては多くの寺院が残されたが、旧延岡領内でも高千穂は例外で廃仏がかなり強力に実施された。高千穂は天孫降臨を自負する地域で、古来高千穂十社大明神（高千穂神社）など多数の神社が存在、廃仏毀釈の世相は神道勢力への追い風になったのであろう。

江戸時代、幕府領で人吉藩相良氏が治めていた椎葉と米良はどうであったか。明治四年（一八七一）七月十四日の廃藩置県時米良と椎葉は人吉県となったが、同年十一月十四日美々津県と都城県に改編されたとき、椎葉は美々津県に入り米良は人吉県から八代県となった。さらに同五年九月二十三日、米良は美々津県に編入となった。

短期間に変わった政策のためか、椎葉村は大河内と松尾に各一か寺、下福良と不土野に各二か寺の浄土真宗寺院があったが廃寺されていない。猫の目の如く変

わった政策は僻遠の椎葉までは届かなかったと思われる。

　米良山は小川と村所、尾八重に禅宗と真言宗寺院がそれぞれ一か寺ずつ、上米良と中尾に浄土真宗寺院二か寺、銀鏡と寒川に禅宗寺院各一か寺、八重に宗派不明の寺一か寺、都合十一か寺があったがすべて廃寺となった。米良は村所八幡とその神宮寺真言宗新立寺の勢力下で修験道が盛んであったこともあり、神仏分離の世相下修験僧はすべて神官となったのである。同村横野の産土神社の御神体は如意輪観音、現在も神仏混淆《こんこう》である。西米良村は県下市町村の中で唯一寺院が一か寺も無いといわれているが、神仏習合が根底に流れているのが分かる。

三　桂久武と一向宗

廃仏を断行した桂久武

明治四年（一八七一）、都城県参事となった桂久武は都城県内寺院の廃寺を断行した。だが、すでに都城や小林、西諸県郡や北諸県郡など薩摩藩だった地域の寺院は、慶応三年（一八六七）には都城と高岡・穆佐・綾・倉岡のいわゆる関外四カ郷が、明治三年（一八七〇）には小林や高原・野尻・加久藤など西諸県などで廃寺が実施（『日向地誌』）され、これらの地域に禅宗八十七か寺、真言宗五十五か寺、天台宗六か寺、浄土宗一か寺、法華宗二か寺、時宗六か寺の計百五十七か寺存在した寺院は既に一か寺も残さず廃されていた。

都城県内で廃寺されず残っていたのは旧高鍋藩福嶋と旧飫肥藩であった地域、それに延岡藩飛び地があった宮崎であった。

桂久武は薩摩藩家老という要職についていながら、最後まで藩当局がためらっていた藩主島津氏菩提寺であった曹洞宗福昌寺廃寺を指示した人物で、都城県参事に着任すると未だ実施されていない都城県内寺院廃寺を旧薩摩藩と同様行った。

この桂は家老であった藩政時代、藩が禁制にしていた一向宗門徒弾圧指導の頂点に位置していたことから、飫肥や高鍋領福嶋、延岡領宮崎など日向諸藩の真宗寺院が薩摩藩内の一向宗信者を支援していたことは十分知っていた訳で、おそらく真宗（一向宗）を嫌っていたと思われるが、その桂が前述のようになぜか飫肥藩内の真宗寺院のみを残している。大きな疑問が残る。明治九年（一八七六）鹿児島県の信教が自由になるが、このとき本願寺は島津氏へ働きかけ一万五千円を寄附している。都城県参事の桂久武にも本願寺から何らかの働きかけがあったのか。

日置島津家と一向宗――支配者層の一向宗信者――

一向宗門徒は百姓や下級郷士ばかりでなく支配者側にもいた。島津家久に誅伐された伊集院幸侃がそうであったとされるが、『鹿児島縣史第二巻』に島津久慶のことが記してある。

「島津久慶は、寛永十八年（一六四一）十一月家老を免ぜられて後、特に異國方・宗門方掛を預つてゐたのである。然るに、久慶は、慶安四年（一六五一）八月歿して後、野心發覺して系圖の面を削られた。久慶の罪科の内には一向宗に歸依した事も入つてゐる」。

日置島津第四代久慶は時の藩主十九代家久の三女を正妻とした。寛永八年（一六三一）隈之城の地頭に任ぜられ、同十二年には藩の家老に補せられた。同十八年病気のため職を辞するが、本藩家老として異邦宗門は引き続き管掌した。同十九年喜入美作忠高の二男久憲を養子に迎えたが久憲は日置家を継いでいない。慶安二年（一六四九）久慶は伊集院地頭となったが間もなく願い出て辞職、引き続き異邦宗門を掌った。同四年四十二歳で死去するが一向宗に帰依していたことが発覚して日置島津家の系図から抹消されたという（『日吉町郷土誌』）。

さらに「彼は、後に帖佐脇元で磔刑に處せられた一向宗張本眞純を近づけ、上方にも差登らせ、六条殿に取入り、領内一向宗興起を企て、江戸に於いても大久保忠職等に取入り、光久を悪主の様に言つたと傳へ、爾後、一向宗の取締は一層厳重を加へたといふ」（『鹿児島縣史第二巻』）とある。

このように日置では領主久慶自ら一向宗に帰依していたことが死後公となり系図から除かれたのであるが、一説には切支丹信仰がその重大な要因であったというものもある。

「異邦宗門の職にあったため、外国人や宣教師、信者等との接触の機会も多く、取締役が庇護者になってしまったというのであるが、久慶の養子となった久憲の実家である喜入家から切支丹信者が出て、種子島へ配流されている史実を考慮すると、久慶は切支丹に対して理解があり寛容であったと考える方が自然ではなかろうか」と『日吉町郷土誌』は記している。

時代は下り、嘉永元年（一八四八）頃筑前真宗明勝寺二男探玄が薩摩に潜入しているが、大口で見聞したことを本願寺に報告している。

「大口と申す処にて混雑、先年の如く御本尊等悉く取上げ、その上死罪・流罪仕置き候の儀、大口役人より鹿児島城下へ伺い出候処、政事方家老新納武蔵守（知行高三万石）並びに一門日置但馬守（知行三万石）両人御宗門内実帰依にて、至極穏の沙汰にて、仕置伺い取揚げこれ無し、差し出し候御本尊等も取上げ申さず、誠に以って大口役人も致し方もこれ無し由、夫より已来、猶更御宗門繁昌にて、追々已然の如く相成り候由申し居り候事」（『薩摩國諸記』）。

大口では取り締まりが厳しく本尊など悉く取り上げられ、その上死罪や流罪などの処罰について大口役人が鹿児島へ伺いを立てたところ、政事方家老新納武蔵守と一門日置但馬守は内実一向宗帰依者で至って穏便な裁断であった。処罰伺いも摘発した本尊も取り上げられず、大口役人もどうすることも出来なかった由。それ以来日置では一向宗信仰が盛んになり、追々天保大法難以前のようになるだろうと言っているとあり、日置領主が一向宗信者であったことは本願寺も把握していたのである。

日置十三代島津久徴の妹時子は持念仏（阿弥陀如来）を密かに拝んでいた。久徴は十二代久風の長子、後に藩家老など要職に就き幕末の薩摩藩主島津斉彬から深く信任を受けた人物であった。久徴には於桑（後に時子と改める）という妹がおり、長じて鹿屋花岡領主島津久誠に嫁いだが、このとき嫁入り道具の中に像高一・七センチ程の小さな阿弥陀如来を隠し持ち、明治三十七年（一九〇四）八十一歳で死去するまで朝夕拝んでいたという。

時子が阿弥陀如来を拝んでいたということは、日置島津家の一門に一向宗信者がいたということを物語る。系図から削除された日置島津久慶以来一向宗を信仰する家筋であったのだろう。薩摩領内は中世末から近世において厳しい門徒弾圧を行っていたが、日置に於いてはそれが緩やかであったというのである。

桂久武は一向宗信者か

さて、桂久武である。桂久武は家老として一向宗弾圧の指令をだす最高責任者の地位にあったことから、一向宗を嫌っていたと考え、都城県参事に着任し浄土真宗だけ廃寺せず残置したことが理解できなかった。本願寺から何らかの働きかけがあったのではないかと疑っていた。

そんな折、鹿児島民俗学会代表幹事所崎平氏と同森田清美氏に桂久武が都城県では浄土真宗だけ残したことを話したところ、「彼は日置島津だからかな？」と言われた。

再度資料をめくると都城県参事桂久武は日置十二代島津久風の五男として生を受け、後に桂久徴の養嗣となっていること、日置十三代島津久徴とは兄弟、念持仏を持って嫁いだ時子とは兄妹もしくは姉弟であったことが分かった。

桂久武の親久風夫婦は熱心な仏教徒であったということだから、そういう環境に育った久武は一向宗門徒ではなかったのか、門徒でないにしろ密かな支援者であったのかもしれない。そう考えると浄土真宗（一向宗）寺院を残置したことは辻褄があい納得できる。ただし、このことは先に指摘した本願寺から島津氏への働きかけも含めて、資料的確証が得られたものではなく、筆者の単なる思いである。今後の研究課題としておきたい。

〔引用資料・参考文献〕

第一章

立元久夫『かくれ念佛とカヤカベ』高城町郷土史料集第八号　高城町教育委員会
古河古松軒『近世社会経済叢書「西遊雑記」』
『都城市史史料編近世1「庄内地理志」』都城市史編さん委員会　都城市
『豊後国誌』『譜代藩の研究』で引用
『譜代藩の研究――譜代内藤藩の藩政と藩領――』明治大学内藤家文書研究会　八木書店
「貞享四年高鍋藩寺社帳」未刊
『宮崎県史通史編近世下』宮崎県
『大日本古記録　上井覚兼日記下』東京大学史料編纂所　岩波書店
『日向古文書集成』宮崎県　名著出版
『鹿児島県大百科事典』鹿児島県大百科事典編纂室　南日本新聞社
小寺鉄之助編著『近世御仕置集成』宮崎県史料編纂会
『宮崎県史史料編近世5』宮崎県
『霧島町郷土誌』霧島町郷土誌編集委員会　霧島町
「薩摩國諸記」『日本庶民生活史料集成一八巻　民間宗教』三一書房
『鹿児島縣史第二巻「一向宗の禁制と門徒の潜伏」』鹿児島縣
『古今山之口記録』『宮崎県文献史料研究会叢書一』宮崎県文献史料研究会　鉱脈社

『宮崎県史史料編近世5「重久家旧蔵文書」』宮崎県
『高山郷土誌』高山郷土誌編纂委員会　高山町
『都城市史史料編近現代2』都城市史編さん委員会　都城市
『小林市史第一巻』小林市史編纂委員会　小林市
『高原町史』高原町史編さん委員会　高原町
『日本庶民生活史料集成一二巻「薩摩見聞記」』三一書房
『笠紗町郷土誌(上巻)』笠紗町郷土誌編さん委員会　笠紗町
原口　泉『鹿児島県の歴史』山川出版社
上田　強『日向経済史考』資山書房
平部嶠南『六鱗荘日誌』青潮社
野田成亮『日本庶民生活史料集成「日本九峯修行日記」探検・紀行・地誌』三一書房
安井滄洲「温泉記」未刊
吉田武三編『松浦武四郎紀行集中「西海雑志」』冨山房
『宮崎縣史蹟調査(復刻版)第五輯』宮崎県内務部　西日本図書館コンサルタント協会
平部嶠南「鹿府応接始末」未刊
『志布志町誌上巻』町誌編集室　志布志町
『都城市史料編近現代1』都城市史編さん委員会　都城市

第二章

瀬戸山計佐儀「一門講」『みやざき民俗第50号記念号』宮崎県民俗学会

『宮崎県史史料編近世3』宮崎県
『宮崎県史料第二巻高鍋藩拾遺本藩実録』宮崎県立図書館
『宮崎県史料第一巻高鍋藩本藩実録』宮崎県立図書館
『宮崎県史料第七巻佐土原藩嶋津家日記三』宮崎県立図書館
『宮崎県史料第八巻佐土原藩嶋津家日記四』宮崎県立図書館
田村正留『六十六部日本廻国供養塔の考察』出版大淀不動産

第三章

『都城市史民俗編』都城市史編さん委員会　都城市
『日本歴史地名大系46宮崎県の地名』平凡社
『法輪第三号』石原明太郎　大法輪閣
福永勝美『血染めの都城真宗史』
井上道代他『復刻増補熊本県球磨郡人吉市真宗開教史』

第四章

『大隅』大隅史談会
『宮崎県史通史編近世上』編集発行　宮崎県
小寺鉄之助編『宮崎縣百姓一揆史料「薩藩都城支藩坂元喜兵衛御用覚」』宮崎県教育委員会
平部嶠南『日向纂記』歴史図書社
『始良町郷土誌』始良町郷土誌改訂編さん委員会　始良町

喜田貞吉・日高重孝編『日向国史下巻』名著出版
「西導寺文書」西導寺過去帳
『向原町誌上巻』向原町誌編さん委員会　広島県向原町

第五章

『瓜生野・倉岡郷土誌』瓜生野・倉岡郷土誌編集委員会　宮崎市北区振興会
『高岡町史「日州諸県郡高岡浦之名村宗門改帳」』高岡町史編さん委員会　高岡町
『高岡町史「日州諸県郡高岡田尻村豊後牢人宗門手札改帳」』高岡町史編さん委員会　高岡町
『綾郷土誌』綾郷土誌編纂委員会　綾町
『塩尻』江戸中期の国学者天野信景の著。歴史・文学・博物・風俗など多岐にわたる。
『向原町誌上巻』向原町誌編さん委員会　広島県向原町

第六章

『史蹟名勝天然記念物調査報告第十二輯「日向ノ金石文」』宮崎縣
『嶠南日誌第二巻』宮崎県立図書館編集刊行　鉱脈社
山之城民平『近世飫肥史稿』山之城民平遺稿集刊行委員会
『万有百科大事典』小学館
『宮崎県史史料編近・現代２』宮崎県
『日吉町郷土誌下巻』日吉町郷土誌編さん委員会　日吉町

あとがき

「なぜ、一向宗なのか」この疑問がいつも頭を過っていました。

宗門改め、一向宗門徒の摘発、糾明、拷問、刑死などにもかかわらず一向宗門徒はなぜ地下に潜って信仰を続けたのか。

天台宗や真言宗、禅宗などは、自らを修め善行功徳をめぐらせて悟りを得ようと努力する、つまり自力修行を旨とする宗派で貴族社会や武士階級に信仰されたが、庶民には難しい教義より名号南無阿弥陀仏を唱えるだけで極楽浄土へ行けると教える、すなわち他力によって極楽往生を求める浄土真宗（一向宗）や浄土宗などが庶民に受け入れられたのです。

七世紀はじめ浄土信仰が中国から伝えられ、奈良時代には浄土教の理解も深まり、平安時代になると天台の浄土教が盛行、鎌倉時代に入ると法然が浄土宗を開創し、その弟子親鸞が浄土真宗の祖となり、一遍は全国を巡歴し念仏をすすめる時宗（遊行宗）を開きました。

名号を唱えて阿弥陀仏の浄土に往生を願う教えは、浄土宗や時宗、浄土真宗も同じであり、日向国の薩摩領内には浄土宗寺院や時宗寺院はあり信仰は自由でした。

そのようなかで、本願寺中興の祖とまで称えられ布教を成功に導いた蓮如上人は、荘園制の崩壊に応じて急速に発達してきた郷村制の農村社会を組織しつつ、「講」を基盤に、親鸞聖人の教学をあらゆる階層の人々に受け入れられる日常語を用いて平易に説き明かしました。蓮如上人が求めた講は狭義の宗教的結社の域をこえて、農民の自治単位としての性格をもつようになり、やがて一向一揆の強力な組織基盤となっていきました。反体制的様相を帯び一揆が出現するにいたったのも、親鸞聖人が説き蓮如上人へと受け継がれてきた他力信心の立場、平等思想に支えられた同朋精神が基底を支えていたといわれています。

薩摩藩では、門割制度や宗門改め、さらに城下士と外城郷士、麓郷士と在方郷士、士と農の身分差別これに加えて貧困という経済的差別もあり、百姓や下級郷士は身動きでないほど管理されていました。一揆を起こすほど貧困な経済状況に置かれていたにもかかわらず一揆が起きなかったのは、幾重にもはりめぐらされた領民管理の政策が行われたからであるとされています。

天保十二年（一八四一）二月、平部嶠南は見聞を広めるため九州各地へ旅立ち、鹿児島を経て同月二十六日溝辺に来ています。ここで肥後人吉藩で起きた百姓一揆について、薩摩の百姓たちが噂しているのを聞いています。「吾が国の調所笑左衛門殿も此事を聞かれなばよもや安き心はあるまじと口々罵て止ざりける」。

この百姓一揆は「茸山《なばやま》騒動」と言われ、天保十二年二月九日、平部嶠南が溝辺で聞く十数日前に起きています。人吉藩は財政立て直しに田代正典を家老に任じて財政緊縮や倹約を実行、家中諸士には知行高に応じて引き下げを断行し、諸士には内職、領知を持つ者には帰農をすすめました。しかし、藩政改革は旧慣の修正や廃止を伴うもので武士たちの反感を買い、開墾や砂糖・漆、椎茸栽培などの殖産に力をいれたがその事業もうまくいかなかったのです。藩内の山々に椎茸山を設けますが、天保七年からの飢饉で食糧は不足し、百姓らが葛根《かずね》掘りに椎茸山へ入山すると山子らに打擲されるなど百姓らの不満も増大しました。また、田代正典の物産所による一種の専売政策は、産物の価格、販路が一部商人の独占となって人々の反感をかっていたのです。二月九日、五百十人程の百姓たちは城下の田町・九日町・五日町などの商家二十軒を打ち壊しました。騒動は十三日まで続き田代は騒動の責任をとって自刃しました。

この一揆は薩摩にもすぐ聞こえ、薩摩と境を接している大畑のナバ山に百姓が乱入、管理小屋焼き払いなどが起きており、薩摩藩郡奉行は大口の郷士年寄有村沢之助や大脇主兵衛らを球磨に派遣して調べさせています。

薩摩ではこの頃、調所広郷（笑左衛門）が財政改革に取り組んでおり、薩摩領内の百姓たちはそれまで以上の搾取が行われ、薩摩領内百姓にとって人吉一揆の成り行きは大きな関心事だったのです。

「茸山騒動」で末八という一人の男が殺されています。この者は盗賊改方手先であると言って、一向宗門徒の肴物を取り上げたり一向宗の講を見つけ出しては銭を巻き上げたりする悪人で人吉球磨の一向宗門徒から嫌われていました。この一揆は単なる経済的に追い詰められた百姓一揆という面だけでなく、人吉相良氏が禁制にしていた一向宗門徒による一向一揆の側面も有していることを見ることができますが、薩摩一向宗門徒にまでこの情報が伝わっていたか否かは不明です。

人吉の百姓一揆が起きた年は、薩摩で天保六年に勃発した「天保の大法難」による徹底的な取締りによって、隠れ門徒の活動も壊滅的打撃を蒙っていた状況であったため、人吉の一揆が薩摩へ飛び火することはありませんでした。一揆らしい行動が起きたのは、安政五年（一八五八）十一月の郷士による「加世田一揆」ですが、人吉の一揆から十七年後しかも要求を権力側へ認めさせるという結末には至っていません。

幾重にも重なった身分差別と働いても解消されない極貧の地位が一向宗に走らせたのでないか、南無阿弥陀仏を唱えて極楽浄土へいけるという教義は浄土宗や時宗も同じであるが、これらの宗派は権力側についていたことから、支配者と戦う、権力に反抗する一向宗を選んだのではないかと考えていました。中世から領主に一向一揆で抵抗した教団だからこそ信仰したのではないか。最下層の身分、極貧の生活、薩摩の百姓や下級郷士は農奴的な地位に置かれ、いつかは教義にあるような平等な身分社会の出現を願っていたのではないかと。

ただ、本願寺も他の宗教団体と同じように朝廷や幕府など権力側と繋がっていたし、薩摩隠れ門徒が禁制という諸国に例を見ない異常事態であることに配慮しながらも、財政立て直しの一環として薩摩門徒に期待していたのです。天保の法難が治まり嘉永の頃になると本願寺は使僧を送り込み講の復興を促しました。その目的は薩摩門徒の信仰的・精神的充足を満たすことでしたが募財拡大も大きな要因であったことは否めません。

反体制と平等思想に基づく同朋精神が下層階級に位置付けれた農民や下級郷士に受け入れられたのは、いつの日にか体制を倒し自由信仰と貧困差別のない社会を期待して一向宗を信仰したのではないか、と思っていましたが、それを明かす史料に出合えませんでした。

明治元年（一八六八）三月、新政府は神道国教化政策にもとづき太政官布告により神仏判然令を発します。薩摩藩は廃寺を徹底し領民には神道を強要しています。全国的には廃仏に反対する庶民運動や信教自由の主張が高まり、明治五年漸く都城県下の都城や小林、諸県地方は信教自由が布達されます。同六年一月宮崎県が設置されますが、同九年宮崎県は鹿児島県に合併されます。

内務卿大久保利通は同じ鹿児島県内で都城や小林など旧薩摩領では一向宗禁制が解禁となり、鹿児島では依然として禁制という信教の扱いが異なっていることの解消を県当局に指示、処置に困った県は帰郷していた西郷隆盛に相談したところ、「有名無実の禁止をしているからかえってインチキ僧がはびこり邪教に陥っている。いっそ解禁して本山からすぐれた僧侶を派遣してもらえば正しい教えが広がってよいであろう」と言ったので、明治九年（一八七六）九月五日、信教自由の布達が出されたとされています。

それにしても、旧薩摩領日向では信仰自由となったことに対し、鹿児島側門徒から解禁要望はでなかったのか、という疑問が出てきます。もしかすると解禁運動、要望があったのかもしれませんが見えません。結局、鹿児島門徒は自ら信教の自由を勝ちとることはなく、権力側から与えられたということになります。

本稿をまとめるに当たって、地元史を調査されている方、責任者として講社に長年携わってこられた方々、浄土真宗本願寺派寺院御住職など、公私ともご多忙にもかかわらずご協力いただきました。また、鉱脈社川口敦己社長やスタッフの方々には、構成や編集等適切なアドバイスをいただきました。感謝申し上げます。

平成二十二年十月

前田　博仁

［改訂版追記］

平成二十九年（二〇一七）五月、親しい友人数人で長崎県五島に行きました。江戸時代、禁制であったキリスト教信仰を続けた史実、世界的に稀と言われた禁教史の一端に触れることができるという思いと、若いころ遠藤周作の『沈黙』を読んだこともあり、五島訪問の期待は大きく膨らんでいました。

信教が自由になった明治六年（一八七三）以降に建てられた教会堂数カ所の見学、マリアに見立てた観音像や洗礼のとき使用した器など多くの展示品には十分満足しました。

ところが、ツアーを続けるうちに「潜伏キリシタン」という表記に気づきました。隠れキリシタンではなく潜伏キリシタン、隠れているのではなく潜伏しているというのです。

帰宅して『広辞苑』で「隠れ」をひくと「ひそかにかくれること。かくれて外に現れないこと」とあり、次に「潜伏」をみると「ひそかにかくれること。かくれて外に現れないこと」と、「隠れ」と「潜伏」は全く同じ説明です。さらに「隠れキリシタン」をみると、「江戸幕府のキリシタン禁制後、ひそかに信仰を持続した信者」、『角川日本史辞典』では「キリスト教禁制にもかかわらず、表面的には棄教を装おい密かに信仰を持続したキリシタン」とありました。ここではさらに踏み込んで「表面的には棄教をよそおい…」と、キリスト教を捨てたように見せかけた信者と解説しています。

ちょうどそのころ、一九七〇年代の過激派であった容疑者逮捕の報道があり、新聞記事には「アジトに潜伏していたとみられ…」とありました。この容疑者は指名手配されてから四十八年、同志の女と夫婦を偽装して逃げ隠れし、逮捕時七〇歳近い老人になっており、手配写真での判断は困難で、DNA鑑定で確認できたということでした。このように「潜伏」という語彙のイメージは、犯罪者が居所を頻繁に替えるとか、顔を整形して別人を装うなどして警察の追及を逃れ続けることと理解しています。

五島や壱岐などのキリシタンは集落住民すべてがキリスト教信者で、この容疑者のように近隣周辺に分からないよう息を潜め、人目を気にしながら暮らしていたわけではなく、日常は普通に農業や漁業などに従事し、集落内の仏教寺院の檀徒として葬式なども表面的には僧侶のもとで済ませ、僧侶が帰ったあと集落の信者が集まり、神父役の指導者のもとでキリシタンの葬儀を行ったという。これは薩州内場仏飯講で明治以降行われた檀那寺と里寺の葬儀、つまり壇那寺僧侶が葬儀を済ませて帰った後、里寺番役（社頭）が江戸時代から行った仕来りで葬式をやり直すのと同じと思いました。

なぜ「潜伏キリシタン」が浮上したのかという疑問に、どうやら世界文化遺産登録に向けた運動で長崎県民は「隠れ」ではなく「潜伏」を選んだようですが、弾圧下でも真摯に信仰を守り続けた信者に、いかにも犯罪者というイメージを植えつけるのではないかと思いました。

改訂再版発行にあたり、鉱脈社編集部と検討し、旧版のタイトルを変えました。章や節の入れ替え、訂正や一部加筆など行うなど整理し、さらに明確でなかった引用資料の原典も明示しました。今後、「隠れ念仏」の研究の深まらんことを願っております。

初版から一〇年を経過、再販は著者として誇らしく嬉しい限りです。一向宗禁制に関心を持っておられる多くの読者をはじめ、改訂版再編集から助言の労をとっていただいた鉱脈社川口敦己社長にお礼申し上げます。

令和三年六月

前田　博仁

〔協力者一覧〕

宮崎市　伊豆元典正氏　井上　了達氏　岩切　悦子氏　川口　恒夫氏　川添　泰教氏
　　　　首藤　光幸氏　竹田　和彦氏　平山　光信氏　古川　重美氏　堀之内晴二氏
　　　　横山　幸一氏
国富町　黒木　真隆氏
都城市　立元　久夫氏　前村　信夫氏　教山　英夫氏
小林市　岩崎　信暁氏　大迫　行義氏　倉山　勝次氏　深草　哲夫氏　谷屋　孝法氏
　　　　永野　寅雄氏　永野林次郎氏
三股町　上西　次男氏　黒木　欣綱氏
日南市　武田　幸雄氏　本山　隆義氏
串間市　島田　節次氏　松本　正人氏
鹿児島県　今村　省氏　長ケ原兼雄氏
熊本県　竹田　文郎氏　溝下　昌美氏
浄土真宗西教寺
　同　浄信寺
　同　宗久寺
　同　正国寺
　同　善長寺
　同　大阪堺慈光寺
小林市教育委員会

[著者略歴]

前田 博仁（まえだ ひろひと）

1965年　宮崎大学卒、県内小学校、県総合博物館、県教育庁文化課、県立図書館に勤務

2003年　宮崎市立生目台西小学校校長定年退職

現　在　宮崎民俗学会会長、宮崎県みやざきの神楽魅力発信委員会副委員長、宮崎県伝統工芸品専門委員、高鍋神楽記録作成調査委員（参与）、日南市文化財審議会委員、日本山岳修験学会評議員

著書等　『鵜戸まいりの道』、『歩く感じる江戸時代、飫肥街道』（鉱脈社）、『近世日向の仏師たち』（鉱脈社）、『薩摩かくれ念仏と日向』（鉱脈社）、『近世日向の修験道』（鉱脈社）、『比木神楽 ── 百済王族祭祀と高鍋神楽の広がり』（鉱脈社）
mrtポータルサイト miten（ミテン）に「みやざき風土記」、「宮崎、歴史こぼれ話」執筆中。

共　著　『宮崎県史（資料編民俗・別編民俗）』、『日之影町史』、『北浦町史』、『日向市史』、『清武町史』ほか

みやざき文庫 73

隠れ念仏四百年［改訂増補版］

── 薩摩と日向・諸県における一向宗禁制と信仰の諸相 ──

2010年10月13日 初版印刷
2010年10月22日 初刷発行
2021年6月28日 改訂増補版発行

著　者　前田　博仁

発行者　川口　敦己

発行所　鉱脈社
宮崎市田代町263番地　郵便番号880-8551
電話0985-25-1758

印　刷
製　本　有限会社　鉱脈社

みやざき文庫

著者既刊本

近世日向の仏師たち
宮崎の修験文化の一側面

江戸時代後期、人々は幕藩体制の境界をこえて行きかい、文化を交流した。その担い手が修験僧の活躍である。宮崎平野に残る仏像に光をあて、廻国僧と地元修験の活動を掘りおこす。近世宮崎平野の修験文化の豊かな土壌。

定価１８４８円

近世日向の修験道
日向各藩における修験と藩政

かつて日本社会に溶けこんで暮らしを支えてきた修験文化。日向諸藩の宗教政策をひもとき、藩政における修験道の位置を解明する。修験道の歴史に新たな光をあてる労作。

定価１６５０円

比木神楽
百済王族祭祀と高鍋神楽の広がり

比木神楽（高鍋神楽）とは？　比木神社は高鍋藩主秋月氏にとって特別な肩入れの存在だった。領内はもとより、藩境を越えての祭礼の支援。藩と修験との特異な関係。何を語るのか？　出会いと発見の一冊。

定価２３１０円

みやざき文庫

関連本

廃仏毀釈百年 虐げられつづけた仏たち［改訂版］

佐伯　恵達　著

幕末から明治前期に全国各地で吹き荒れた廃仏毀釈の嵐。宮崎での事例を中心に全国的視野の中でその実態をあばき、連綿と続いた廃仏＝神国化の流れをたどって、近代日本の闇に迫る。旧版の大幅改訂。

定価2200円

隠れ念仏と救い ノノサンの不思議・霧島山麓の民俗と修験

森田　清美　著

霧島山麓一帯に今も灯される三つの民俗宗教のひとつ、都城盆地のノノサン信仰。成立の背景や歴史をひもとき、南方シャーマニズムや修験文化とのかかわりのなかに、民俗宗教における「救い」の心を読み解く。

定価1980円

神々のやどる霧島山 霊山霧島における山岳信仰

森田　清美　著

天の逆鉾の謎。鎮火と水神への祈り。性空上人と浄土信仰。そして霧島六社の現在。藩の記録や登山日記などの古文献や民俗伝承を猟渉し、霧島神の歴史・民俗から山岳宗教の実態解明に迫る。

定価2200円